U0130193

—— 作者 ——

罗伯特·琼斯

世界领先品牌咨询公司沃尔夫奥林斯（Wolff Olins）策略师，《品牌管理杂志》编委会成员，东安格利亚大学客座教授，引领研究生学习品牌领导力课程。曾在沃尔夫奥林斯参与巴克莱银行、国民信托、乐施会、乐购和维珍等品牌的品牌创建项目。

A VERY SHORT
INTRODUCTION

BRANDING

品牌学

［英国］罗伯特·琼斯 著

史正永　丁景辉——译

译林出版社

图书在版编目（CIP）数据

品牌学 /（英）罗伯特·琼斯（Robert Jones）著；史正永，丁景辉译.
—南京：译林出版社，2024.1
（译林通识课）
书名原文：Branding: A Very Short Introduction
ISBN 978-7-5447-9952-2

Ⅰ.①品… Ⅱ.①罗… ②史… ③丁… Ⅲ.①品牌-研究 Ⅳ.①F760.5

中国国家版本馆 CIP 数据核字（2023）第 216979 号

著作权合同登记号 图字：10-2023-426 号

品牌学 [英国] 罗伯特·琼斯 / 著 史正永 丁景辉 / 译

责任编辑 陈 锐
特约编辑 茅心雨
装帧设计 孙逸桐
校 对 梅 娟
责任印制 董 虎

原文出版 Oxford University Press, 2017
出版发行 译林出版社
地 址 南京市湖南路 1 号 A 楼
邮 箱 yilin@yilin.com
网 址 www.yilin.com
市场热线 025-86633278
排 版 南京展望文化发展有限公司
印 刷 南京新世纪联盟印务有限公司
开 本 850 毫米 × 1168 毫米 1/32
印 张 5.25
插 页 4
版 次 2024 年 1 月第 1 版
印 次 2024 年 1 月第 1 次印刷
书 号 ISBN 978-7-5447-9952-2
定 价 59.00 元

序 言

陈素白

　　五月的一天，我受邀为译林出版社从牛津大学出版社引进的《品牌学》一书作序。因为本人从1997年进入广告学专业求学到如今在中国高校从事相关教育工作，长期以来一直对品牌有着深厚的兴趣，所以我毫不犹豫欣然应允，事后想来甚至是有点不知天高地厚地接受了这项工作，因为要知道该书的作者可是赫赫有名的世界著名品牌咨询公司沃尔夫奥林斯（Wolff Olins）的策略师、《品牌管理杂志》编委会成员罗伯特·琼斯。

　　在当下注意力高度碎片化的时代，能在繁忙的工作之余，静下心来认真阅读一本纸质版的书籍，毫无疑问是一件非常奢侈而幸福的事情。在本书中，罗伯特·琼斯讨论了品牌日益普遍的存在，并分析了它们是如何发挥魔力的。他认为品牌的巨大潜力是商业、社会和文化的力量，并研究了许多不同类型的品牌——从产品、服务和艺术财产到公司、慈善机构、体育俱乐部和政党。在定义"品牌"一词的含义时，他深入探讨了品牌的积极性和消极性。他还考虑了品牌业务的发展，就品牌的概念是否开始衰落这一问题做出回应，并展望了它的未来。

放眼国内外，关于品牌的著作可谓汗牛充栋，要如何在媒介环境和消费市场飞速剧变的背景下，化繁就简，深入浅出地把品牌最核心的要义向读者们梳理透彻，长期在高校从事品牌教育和研究工作的我深知绝非易事。《品牌学》全书一共八章，逻辑清晰，章章相扣。从第一章"品牌创建的胜利"到第八章"品牌创建的未来？"，作者紧紧围绕"品牌是什么？品牌有什么用？品牌将去向何处？"三大核心问题，犹如在回答"我是谁？我从哪里来？我要到哪里去？"这样一个亘古不变的哲学命题，将对品牌的拆解层层推进。在阅读全书的过程中，我更像是在作者的带领下经历了一趟品牌奇幻之旅，整个过程酣畅淋漓，意犹未尽。见字如面，从书中可见作者毫无保留倾囊相授的用心态度和循循善诱的长者风范，或许从第一章到第四章，有一定品牌知识积累的读者会觉得推进节奏略慢，但是从第五章"品牌创建业务"开始，大量丰富的前沿案例贯穿始终，马上会让你目不暇接。

　　全书也展现了一位资深从业者充满智慧和幽默的精彩论断，更多时候我感觉像是沉浸在和罗伯特·琼斯先生的对话中，如在第六章"品牌创建计划"里，作者抛出了诸多引人深思的问题——在全新客户关系管理中，新客与老客孰轻孰重？如何才可以恰到好处地对待产品定位？广告是否会面临消亡？……第七章"品牌创建伦理"是全书中我个人最喜欢的一章，大量的思辨让本书充满了哲学层面的思考。毋庸置疑，品牌是一个与时俱进的概念。品牌发展到今天，有许多的批评家不断在质疑品牌的作用，品牌究竟是减少了焦虑还是增加了不满足？对于个体和国家而言，品牌创建孰优孰劣？很多年前，我自己在论述品牌创建如何促进消费分层从而加速社会阶层裂变的时候，还鲜有学者提及品牌伦理的切入视角，如今该书向我做出了深切的回应，引起了我的共鸣，大有相见恨晚之感。

正如作者自己所言，这本书是根据其二十五年品牌顾问的经历写就，所以如果您和我一样有幸能够打开这本书，一定会产生和我在阅读时一样强烈的感受，那就是被作者信手拈来的精准案例所深深折服。品牌是一个看似简单，阐述起来却相当复杂的概念。如果不是作者有着丰富的一线实战经验和豁达通透的理论积淀，无论如何是无法在一本并不太厚的论著中解释清楚的。所有的案例都有一种点到为止的精辟之感，让你欲罢不能，从而对身边发生的品牌故事产生浓烈的继续探究之情。

译林出版社多年来一直致力于通过通识教育书籍为国内读者打开一扇扇通往各个学科领域的大门，截至目前已经出版超过一百三十个品类。本系列的宗旨是"大家小书"，我相信罗伯特·琼斯先生的这本《品牌学》又一次做出了最好的回应，小书之"小"在其短小精悍，品牌之"美"在其"美美与共"，这应该是品牌创建终将走向共创的终极使命吧。

献给良师益友布莱恩·博伊兰

目　录

致 谢

　　我想感谢玛丽·乔·黑奇，她把我介绍给了本书的杰出编辑安德里亚·基冈，从而启动了这本书的出版。沃尔夫奥林斯品牌咨询公司的伊杰·诺克利和萨拉·阿什曼给了我创作本书的时间和空间。许多人在这一过程中帮助了我，包括瓦尔·阿兰姆、汉斯·阿诺德、黛博拉·卡德伯雷、霍普·库克、安东尼·加尔文、丹·加福肖恩-布拉迪、蒂尔德·赫丁、肯尼·雅各布斯、内森·贾维斯、彼德·麦肯纳、克里斯·米歇尔、克里斯·穆迪、珍妮·纽吉以及简·斯克鲁顿。克雷格·莫兹利给了我一些颇有思想创见的反馈。我的客户们拓宽了我的思想和视域：卢克曼·阿诺德、道恩·奥斯特维克、萨利·考德利、迈克尔·戴伊、史蒂芬·德夏尔、凯茜·费里尔、丹尼·霍曼、安东尼·詹金斯、斯图亚特·利普顿、米歇尔·麦克埃特里克、史蒂夫·莫里斯、西蒙·纳尔逊、史蒂芬·佩奇、法拉·拉姆赞·戈兰特、菲奥纳·雷诺兹、克里斯·索尔、马格纳斯·谢文、尼克·塞罗塔、戴维·苏登以及詹姆斯·提普勒。我在东英吉利大学的同事们让我对品牌创建有了许多新视角：我特别要感谢詹姆斯·康福特、保罗·道博森、尼古拉·约翰逊、罗斯·凯米、肯·勒·莫尼埃-菲茨休、彼得·施密特-汉森和尼克斯·卓卡斯。我的学生们促使我不断地思考。布莱恩·博伊兰,我二十年来的导师,跟往常一样给了我他那尖锐的评论反馈。和过去一样,我的伙伴尼尔·麦肯纳慷慨地给予我温暖的鼓励和明智的建议。

导　言

不管喜欢与否，我们每天都会暴露在数以千计的品牌广告词之中。各种品牌的兴起，已非常显著，且势不可挡。现如今，从平凡琐碎之事到深奥的道理，品牌创建在每一个层面都塑造且定义着我们的世界。

品牌创建已被称作一门科学、一门艺术，甚至是一种隐蔽的企业阴谋。经济学家、市场营销人员、设计师、组织机构的专家、心理学家、哲学家、社会理论家和文化评论家均已对其进行了研究。然而，这些专家中鲜有人能够达成一致：何谓品牌创建，以及它是如何起作用的。它很重要且令人兴奋不已，却毫无规则，让人难以捉摸且定义不清。

因此，本书旨在为您带来一次快速导览。它给以下几个重大问题提供了一些简单明了的答案。一个品牌的确切含义是什么？品牌创建如何发展和传播？品牌如何对我们产生作用？那些品牌背后的人是谁？他们做了什么？品牌创建是在引导我们还是在奴役我们？品牌创建的下一步将走向何方？

正如我希望表明的，品牌创建远不只是它可能显现的那样，也不仅仅是市场营销的某个方面：它是一种更加宽泛的活动，影响着某个公司机构所做的大部分事情。由此可推断，其不仅仅对消费者产生影响；它还是一种同样重要的力量，引导并激励着员工。而且，最后一点很重要，品牌创建所具有的不仅仅是商业影响；它同时还是一种强大的社会力、文化力，且在其最宽泛的意义上来看，还是一种政治力。

本导言不是根据教科书撰写而成，而是根据我二十五年品牌顾问的经历写就。这不是对品牌的终极评价——永远不会有终极评价，不过我希望它让读者看到品牌创建的非凡突出之处，并略微揭示品牌背后的工作如何塑造了我们周围的各种品牌。

第一章
品牌创建的胜利

在肯尼亚的马林迪，你会在一面鲜红的围墙上发现一幅海报，其上由油漆喷绘了一个可口可乐的瓶子和一句标语——"相信非洲，十亿个理由"。

标语所说内容并非可口可乐能够给你止渴，而是可口可乐在某种程度上是乐观主义和非洲发展的一部分。它暗示存在"十亿个理由相信非洲"——那大概就是居住在非洲大陆上的十亿人。

这幅非洲海报（参见图1）对"品牌创建"这一奇特现象留下了一张极具吸引力的快照。当然，这也表明品牌创建广告无处不在，在每个大陆、城市和乡村、富人区和贫民窟都有。而且它还表明，在我们这个全球化的世界，品牌创建还常常试图使该品牌隶属于某个特定的地方：这幅海报旨在让人认为"可口可乐"是地道的非洲品牌。

这表明，品牌创建依赖符号——表达意义的图像。品牌就是意义（所指），通过诸如标识语符号（能指）加以辨识。而且，尽管这是2012年发起的一项广告运动的一部分，但它却永久性地漆在一面波纹金属围墙上。品牌创建广告并非总是转瞬即逝的。

尽管品牌创建一开始的目的是向消费者售卖产品，但它常常

图1 品牌创建的作用：肯尼亚马林迪的一幅海报，暗示可口可乐不仅仅是一种饮料，还是非洲未来的一部分

不局限于此。它把产品与更大的思想创意联系在一起：在此情况下，含糖饮料与人类进步有关。当你停下来想一想，会发现这是一个奇特的、近乎神奇的思维过程。可口可乐公司全球品牌总监洛娜·索姆维尔解释道："当一个思想创意触及人类一项根本真理时，它的传播便可以没有边界限制。"有时，品牌触及"许多真理"；更多的时候它也许触及了人们普遍的希望与渴望。

因此，一个品牌不仅仅是一个产品的名称。在世界各地，许多普通商业产品正注入更大的思想创意，让人们对该商品感觉良好，因此多加购买。每一个品牌都希望让你相信某种东西。品牌创建旨在给我们各种"亿万个相信的理由"。

品牌存在已有几个世纪了，不过在20世纪80年代之后这一观点才变成我们生活中重要之事。在过去三十年左右的时间里，品牌广告变得普及，甚至触及地球上最贫穷的地方。实际上，品牌广告已成为现代世界一个主要特征。这是如何形成的？为何会这样？

更为宏大的理念

品牌广告把普通事物与一种更为宏大的理念联系起来。这种宏大的理念具有改变人们所作所为的力量：尤其是会多购买，而且愿意多花钱。可口可乐只不过是有滋味的糖水而已。正是这个品牌使得它的售价不菲，并因此给可口可乐公司带来利润。迪士尼更宏大的理念是"家庭娱乐"；沃尔沃的理念是"安全"。这就是品牌创建的本质。

这就是品牌拥有者——比如可口可乐公司——所使用的一种手法,创造各种意义,让我们对该产品感觉良好,于是我们就会购买这种产品。可口可乐公司对把产品与进步、乐观与幸福等理念联系起来的传播交流进行投资。一旦这种传播交流起作用了,这些意义就形成了可口可乐的品牌。于是在最后,人们就会更多地购买可口可乐。品牌创建改变人们的思考、感觉和行为方式。

不过,这也是消费者用来理解全世界过量商品的一种方法。面对成千上万种选择,人们赋予它们各种意义,这样便可在头脑里对其进行归档,并巩固其自我身份的意义。比如,我们可能会把可口可乐与能量联系起来,或与儿童时期的各种记忆联系起来,因而我们中的许多人把自己定义为"可口可乐人",与之相对的(比如说)是"百事可乐人"。品牌创建是由大公司启动的一项游戏——不过这是一项几乎每个人都参与的游戏。对公司而言,理想状态就是我们头脑中的思想与他们试图投射的理念相匹配。

可口可乐海报只是过去几十年已变得非常普遍的一种现象个案而已。品牌创建是由像可口可乐这样的产品开始实施的。接着,进入了服务业——比如,像美国富国银行这样的银行,或者像家乐福这样的零售商,以及像阿联酋航空这样的航空公司。随后,它延伸进入思科(Cisco)、联合利华和LG集团这样的公司。最近,品牌创建已把自己的影响力扩大到书籍、电影和电视剧等方面。《哈利·波特》、歌手碧昂斯、《星球大战》以及《权力的游戏》都不仅仅是书籍、歌手、电影或者电视剧了:它们是全球品牌。整个类型流派也能变成一个品牌，比如"宝莱坞"。而且在过去二十年，大量的线上品牌逐渐主导世界，从"阿里巴巴"和"亚马逊"到"照片墙"（Instagram）和"优步"（Uebr）。

尽管品牌创建始于西方，但已传遍全球。如前所述，全球品牌试图在某一地域引起局部反响。本土成长的品牌则模仿全球大品牌的特征，采用闪亮的标识、容易记住的标语以及光泽富丽的包装。

品牌创建还推广到了各种小公司之中。在英格兰北部有一个名叫"贝蒂斯"（Bettys）的连锁茶室，堪称品牌创建的典型：它采用了瑞士/约克郡传统，给日常餐饮生意添加了精确、雅致和温暖的创意。随着城市区域被改造得越来越高档，甚至小店面也要进行复杂的设计并渴望成为品牌。每一家线上企业的开张，其背后都有一种品牌创建因素。而且我们无论走到哪里，我们都会看到品牌创建活动。我在大英图书馆撰写本书时所处的空间不叫"报纸档案馆"，而是有着更为让人兴奋的名字，叫"新闻编辑室"。这也是一种品牌创建。

最伟大的商业发明？

当然，品牌创建的好处是让人购买东西。品牌在我们日常的购买决策中扮演了重要的角色——比如购买苹果平板电脑这样的大决策；又或认为我的猫更喜欢一种叫作"托马斯"的猫砂这样的小决策。品牌增加了购物时的兴奋度，降低了焦虑感。

不过，品牌的力量也有限制。实际上，许多产品极少有什么额外意义。当我们买一支铅笔、给车加油或申购某项保险时，我们选择的牌子可能在我们头脑里没有多深的关联。一项研究表明，尽管80%的市场营销总监认为他们的产品是"有差异的"，或者在消费者的头脑里有某种显著意义；但只有10%的消费者认同这一点。就大多数产品而言，大多时候，大多数人都没时间去加以关注。我们每个人的头脑里只有少数几个品牌。对我来说，这些品牌可能是苹果公司、英国广播公司（BBC）以及零售商维特罗斯超市（Waitrose），除此之外几乎没有别的。汉威士传媒的一项研究也强调了这一点，该研究表明，如果74%的品牌消失了，大多数人根本都不会在意。人们买各种品牌，因而买进了品牌创建，不过他们也是满腹狐疑。我们认为异想天开的电视广告很荒谬：实际上，我们可能会快进跳过。我们以看透公司的各种品牌创建活动为豪。

而且品牌还是许多公司价值的主要来源。你若仔细看一个典型公司的价值，便会发现其中一些价值来自公司的楼房建筑、设备和库存——看得见摸得着的有形资产；但许多价值来自无形资产，比如消费者的良好意愿、各种专利或者其品牌。实际上，全球市场研究顾问米尔沃德·布朗估测美国最大公司的股市价值中，品牌价值占比超过30%，我们会在第四章中分析其中的原因。对某一类公司来说，品牌就没有那么重要：比如，对一家办公室清洁公司来说，品牌的意义相对来说就没有那么重要。但是，对其他公司来说，比如奢侈品公司，品牌价值在公司价值的占比可达到90%。总体来说，全球所有公司价值的三分之一来自品牌。不管根据什么标准，这都表明品牌创建始终是最有效的商业发明之一。

最有效的文化形式？

就像我们所看到的那样，大多数人都意识到了品牌创建现象。他们讨论、解读、评论品牌创建。作为一种有效的商业技艺，品牌创建也是我们共享文化的一部分。

品牌是一种社交参考点，即我们都拥有的共同点。每年九月份我的学生们第一次相见时，他们在几小时内就结成了纽带，部分原因是他们都拥有共同的品牌——不管是"依云"还是"节拍"（Beats）又或"路易威登"，这些品牌是得到公认的，因此在任何地方都意味着大体相同的事物，人们也根据其所喜欢的品牌来界定自己（和他人）。甚至有一种棋盘游戏，即商标游戏，选手就其所知的品牌知识进行竞赛。

品牌同时也是我们用来记住过去的一种方法。这一点在伦敦的品牌博物馆体现得尤为明显，游客们会在那里穿过一条由1890年以来的包装与广告组成的时光隧道。随着他们走近当代，怀旧之感便会席卷而来：游客中最普遍的反应就是"啊，我记得那个（牌子）"。品牌提供了一种时空捷径。就我而言，"雷鸟"（Thunderbirds）这个牌子让我回想到20世纪60年代；"马汀博士"（Doc Martens）把我带回到70年代；"奥迪"把我带回到80年代，诸如此类。

品牌思维渗透了我们生活的方方面面。品牌有助于我们敏锐认识能指与所指之间的相互影响。能指——事物的称谓，以及它们的外观——确实很重要。政治正确是品牌创建的一个例子：仔细地把事物重新打上标签，为的是改变人们对这些事物的看法与感觉。一方面，自由派的共识是标签不重要；但在另一方面，它们必然很重要。

品牌常常被艺术家和作家使用或利用。实际上，在品牌创建和艺术之间有一种密切关系，就像两种并行不悖的意义创造方法。法国画家爱德华·马奈的最后一幅重要作品是《女神游乐厅的吧台》，这幅创作于1882年的画作描绘了忧郁不满的酒吧女招待，这是一位被居伊·德·莫泊桑描写为"饮料与爱的兜售者"的人物。在这幅画的右下角是一瓶"巴斯"啤酒，该标识是最早合法注册的商标，注册于创作这幅画五年前的1877年。马奈塑造了一个由观众解读而产生意义的形象——而且他把"巴斯"标识涵盖其中，同样也会产生意义。

许多人把品牌看作文化中的一种负面力量。有一个名为"广告破坏者"的加拿大反消费主义团体，他们自我描述为"艺术家、行动主义者、作家、恶作剧者、学生、教育家和企业家"。"广告破坏者"对品牌广告进行强有力的嘲讽和模仿，他们称之为"广告颠覆"。他们采用广告手法来攻击广告，因此"广告破坏者"凭自身的头衔而成为一种品牌。

或许最有力的批评家一直都是艺术家自己。品牌是表明人们身份或志向抱负的一种快捷方式，因此也是一种讽刺物质社会的简单方式——这是由电影编剧希拉·麦克法登1977年在《穿行》中首创的一种方法，八年后布莱特·伊斯顿·艾利斯在《零下的激情》中也采用了这种方法。最近，诸如查普曼兄弟这样的艺术家利用品牌形象，以一种更为无礼粗鲁的方式批判消费文化；一个中国艺术家将可口可乐商标画到古代花瓶之上：这是一种姿态，既破坏了这个古代花瓶，又美化了这个商标。

不过，与此同时，其他艺术家参与品牌创建，而且并不认为商业广告和更高级的文化之间存在冲突。电影钟情于利用各种品牌作为传达人物和情境信息的快捷方式，自詹姆斯·邦德采用"阿斯顿·马丁"（汽车）以来都是如此。2014年的科幻电影《星际穿越》中女主角的姓氏就是布兰登（Brand），而电影结尾暗示她就是未来，这是否是一种巧合？最有名的或许是安迪·沃霍尔，他在1972年的作品《金宝汤罐头》中采用了品牌形象。沃霍尔被批判为向消费主义屈服，不过他写道，"挣钱是艺术，工作是艺术，而好的生意则是最佳艺术"。

最近三十年

因此，品牌创建是一种与产品、服务、组织机构、文化产品、地点、人甚至是概念有关的渗透性符号系统。这些符号有助于赋予上述事物额外的意义——非其固有之意。就像我们在第三章要讨论的那样，品牌创建虽已存在几个世纪，但只是到最近才成为文化的主要部分。

谷歌的"ngram浏览器"是一款智能软件，可计算某个单词在经谷歌数字化的所有书籍中的出现频率。"品牌"这个词的曲线图在1900年之前是水平状，在1940年之前呈缓慢上升趋势，然后是稳定期，在1980年之后又呈上升趋势，在千年之末加速上升。聚焦于"品牌资产"概念的品牌创建的学术研究也始于20世纪80年代。为何品牌创建在尤其是最近三十年的时间里变成了一个如此普遍的概念？

市场经济学的胜利创造了一个全球竞争的世界，各公司机构必须采用创建品牌的方式胜过对手一筹。如今市场随处皆是——在过去的三十年里也包括中国。而且这些本地市场都合并到一个全球市场之中。股东们要求公开上市的公司要不断地发展壮大，这意味着要增加市场份额或者开辟新市场。政府需要国有公司占据自己的市场，有时要与外国竞争对手在国内或者出口市场上进行竞争——因此，他们也必然进行品牌竞赛。即使是垄断寡头也在为某些事物竞争——以适当的价格吸引资金，或者吸引最优秀的潜在员工。

而且，开展竞争的不仅仅是公司。国家和城市间开展竞争，以吸引游客、雇主、学生和居民。非营利机构、运动俱乐部、政党甚至宗教都竞相吸引支持者。品牌创建现在是世界上最大的两个行业卫生和教育领域的一个热门话题：医院、大学和学校现在都非常重视他们的牌子。过去大约十年里，在所有这些领域采用品牌创建的语言和方法已成为可接受甚至是时髦的做法。比如，十年前，博物馆工作人员将品牌创建看作迎合大众、降低艺术水准的概念而予以拒绝。但是现今，几乎所有博物馆都乐意谈论其品牌的重要性。由于互联网是一种全球媒介，所有事物都在跨越国界线开展竞争,这就意味着同类的概念和方法很快就会扩展到任何地方。

市场力量的崛起和物质主义的兴起,使得人们无论作为消费者还是员工都越来越需要生活中的意义。人类总是需要意义,这是超越功利主义、超越我们日常必须要做的世俗之事的一个因素。人们需要一种身份感(我是谁?)和归属感(我会安身何处?)。在过去,这些意义来自家庭、村镇、宗教、民族——但所有这些都受到都市化、世俗化和全球化的破坏。物质主义造成了意义的真空,于是品牌创建试图填补这一真空。消费者需要的不仅仅是"物有所值",而且是"物超所值"。

作为回应,一种特殊类型的品牌创建已成为主流——把品牌不再看作一种产品,而是一种概念。肯尼亚那幅可口可乐的海报(图1)就是一个绝好的例子。许多公司都对以下观点兴奋不已:他们不仅仅是物质产品的制造商,还可以成为思想观念的提供者,甚至是丰富文化、给予人们新的身份感的理想典范。"苹果"、"维珍"和"宜家"都是非常典型的例子——这些品牌都是过去三十年才诞生的或者才腾飞起来的。

身份与归属

而且,就在同一时期,消费者也加入这个游戏之中。品牌创建已由公司为我们做事转变成一种我们大多数人都参与的一种游戏。在同一时间段内,学术界人士对品牌创建的态度已由实证主义者向建构主义者转变——换言之,他们把品牌看作我们都在帮助建构的事物。

随着人们变得更加富有，能够获得更多的商品，他们开始部分地通过看似世俗的选择来界定他们自己：所穿的鞋子、购买家具的商店、观看的连续剧套装、所崇拜的公司，甚至最喜欢的含糖饮料。他们采用品牌来帮助构建他们的身份，即他们是谁这一认知。不管好坏，几百万甚或几十亿的人——从一个非洲村庄到上海的一套顶层豪华公寓，再到中西部的一间购物商场——利用品牌来帮助构建他们的自我形象，或者帮助界定他们想属于的"部落"。

当然，品牌并非唯一选择。很显然，许多人用他们所支持的慈善团体、所追随的运动俱乐部、所投票的政党、所参观过的地方或者所崇拜的名人来识别自己的身份。许多人抵制品牌创建，而且少数人对品牌具有免疫力。品牌对他们来说，一点也没有这种充满魅力的力量。在经历了十年的公司丑闻和金融崩溃之后，世界上的反企业精神日益高涨。

不过，对许多人，尤其是年轻人来说，品牌创建已变得如此普遍、如此常规，以至于它已失去了刺激性。他们发现进行品牌创建游戏是很正常的，不再把品牌创建只看作一种商业现象。他们从一系列品牌中进行选择——不仅仅有"阿迪达斯"和"苹果"，还有视频网站"维密欧"（Vimeo）和"薇思"（Vice），并将各种品牌思想混合在一起，把它们用作身份感创建的组成要素。他们通过社交媒体来做到这一点，因此这是一项共享活动，在此过程中流行时尚不断变化演进，因此他们的身份也在调整变化。

通过参与这种神奇的品牌创建活动，人们赋予身边的事物以价值，它们已不再是它们自己，而是获得了意义——特别是在周围每个人都这么做的情况下。这种意义常常存在于你我之间。我是英国"第一直销银行"（First Direct）的一名客户，因此，如果我看到在我前面排队结账的人拿着一张"第一直销银行"的银行卡，我就会感到一种莫名的亲近感。我有这种感觉是因为我们都选择了同一家银行，他或者她一定有一些与我相似之处。

在社交媒体时代，于分秒之间分享事物已成本能行为，因此毫不奇怪：品牌——一种易于分享意义的标志，已成为我们生活和想象力中非常重要的事物。分享"内容"已几乎成为普遍的习惯。现在，把刚发生的甚或正在发生的事情发布到"脸书"上，是很正常的事。在这种新的分享文化中，很容易使品牌繁荣发展。这种现象还在进一步发展：每当有人在"脸书"、"推特"或"照片墙"上发布内容时，他们都在培育自己是何许人的身份思想。不管是否故意而为，他们都在构建他们自己的个人品牌。从这个意义上讲，这个世界现在几乎包含了二十亿个品牌营销商。

商业与文化

现代世界是由一系列的现象整体界定的，从社交媒体到气候变化，从都市化到肥胖症，从群体迁移到对名流的崇拜。但其中的一种现象如此普遍，以至于我们视为当然之物——这就是品牌创建。

由于市场逻辑现在是非常普遍的存在，对共享身份感的需求是如此迫切,所以品牌创建已成为现代世界的一个规定性特征。

通过品牌创建,就像清洁剂这种令人厌烦的事物,像软饮料这种日常用品,以及像网址这样无形的事物已获得了个性和意义,于是人们推荐它们,感受不同派别之争,原谅它们的缺点过失——全是因为公司需要竞争,而人则需要感知和分享意义。

品牌创建现在已是世界上最有效的一种商业和文化力量。但是,它的确切之义又是什么?(参见方框1)

方框1　安卓:无属的与大家的

"安卓"可能是世界上最大的品牌,有十亿用户以及90%的市场份额。但它并非一家公司:它是一个由四百家公司共享的品牌。而且这也是它成功的秘诀。谷歌公司在2008年发布了安卓,作为移动设备上一种可定制、易理解,以及最重要的是开放的操作系统,它现在已用在手机、平板电脑、手表、汽车等装置上。从法律上讲,该品牌属于谷歌公司,而制造商则购买了一种生产许可。但从情感上讲,这个品牌属于所有人,但又不属于任何一个人。而且,它并不强迫所有使用它的制造商必须保持一致,而是鼓励变化、变异。它的标语"群而不同"抓住了当前品牌创建潮流的主旨。

第二章

何谓"品牌创建"?

为了给"品牌创建"定义,我们首先需要给"品牌"定义。当我们谈论"网飞"流媒体品牌、时尚快销品牌"H&M"或者"阿里巴巴"品牌时,我们真正要表达的是什么意思?

或许一个品牌仅仅是一个名字:"网飞"或"H&M",或者"阿里巴巴"。但并非每一个商标名都是一个品牌。比如,想一想你们当地偏僻街巷的汽车修理公司。它有一个名字——"韦伯斯特汽车(修理厂)"或者类似的名字,而且可能在当地很受尊敬。就像人们讲的那样,它可能"有一个好名字",但我们不会自然地称之为一个品牌。我们倾向于认为,一个品牌是以一种比采用当地广告牌画家作品更复杂的方式精心设计出的。

那么,是设计造成了差异吗?品牌是否就是一个商标、一种特别的颜色或一句标语,比如耐克公司的飞驰状商标、曼联足球俱乐部的红色、本田公司的标语"梦想的力量"?以下是维基百科对"品牌"的定义:"一个能够区分某个销售者的产品不同于其他销售者产品的名字、词语、设计、符号或其他特征。"不过这个定义并未解释品牌的力量——如果它们仅仅是我们身边所看到的装饰物,那么它们就不再那么有趣了。

因此，或许一个品牌更多的是关于产品本身？实际上，我们常常很难在脑海里区分"品牌"和"产品"。人们所喜爱的是什么，是苹果公司的产品还是"苹果"这个牌子？——或者它们是否是相同事物？半岛电视台新闻服务与半岛电视台这个品牌联系甚密。但它们并不完全相同。人们很有可能喜欢一个牌子，但不喜欢某个产品，反之亦然。我最喜爱的汽车品牌是"奥迪"，但我实际上决定购买一辆"宝马"。

比产品更重要

实际上，一个品牌在某种程度上比一个产品更加重要。我们有时把它看作某个产品之上的光环，或者某种产品之外的精神气质，抑或产品背后的原产地。人们有时使用"牌子"（make）来指代"品牌"（brand）——如"'将军'（Aga）是一个很好的灶具牌子"，这不仅意味着它是一种好的灶具，而且生产它的公司也是广受赞誉的。"苹果"的粉丝们会告诉你，他们敬佩其产品，不过同时也赞颂其产品背后的观点——而且有些人担心，在史蒂夫·乔布斯死后，这种观点就会慢慢地消失。一位参加英国版电视真人秀节目《学徒》的竞赛者自称是"斯图尔特·巴格斯品牌"，意思是指他不仅仅是一个人，在某种程度上还是一组更大的创意。很显然，这就是"可口可乐"在肯尼亚的海报中所要表达的意思（参见图1）。

所以对产品来说品牌是某种额外的东西。品牌创建专家马丁·科恩伯格说过，一个品牌就是"功能性+意义"：也就是说，产品加一种思想。在他看来，品牌是完整的体系——"三角巧克力"（Toblerone）这个牌子是指巧克力块，再加上与瑞士、阿尔卑斯山等事物有关的意义。

相反地，市场营销师菲尔·巴登则认为，"品牌是框架体系：它们通过架构设计暗中影响着人们对产品以及产品体验的价值期望"。根据该观点，产品就像一幅画，而品牌就是画作之外的画框，让它有了背景和力量。巧克力块就是这幅画，而瑞士特色就是让巧克力块更有趣、让人更加难忘、更有价值的一个画框。

这种额外的意义对品牌的力量至关重要。品牌让我们做事情，它们改变了行为，创造了价值，这是因为它们不是纸上静态的图像，而是我们头脑中动态的思想。可以这样简单地描述：一个产品的品牌就是它所代表的东西。"韦伯斯特汽车（修理厂）"，除了表达一个汽车修理场所之外，并不代表任何意义，因此，它不是一个品牌。耐克公司的飞驰状商标并非"耐克"所代表的意义，因此它也不是一个品牌，它只不过是表示更大的意义——挑战和成就——的标识语符号（能指）而已。"科罗娜"是一个很好的产品，但它的品牌代表的不仅仅是啤酒，还与墨西哥、夏天和沙滩有关。这个产品本身并非是一个品牌。

代表某种东西

重要的是，"代表某种东西"可能根据你的视角不同而有两种不同的含义。

从组织机构内部来看，它可能意味着你们内部的精神气质，你们的身份：你们想代表的思想观点。"宜家"想代表"为多数人创造更加美好的日常生活"这一理念。这是其官方用任性奇特的英语所做的观点声明（参见图2）。我们会在第五章看到，大多数公司机构都会精心界定他们的品牌，并积极加以管理。

可是，从外部来看，这可能表示你的各种联想、意义和形象：你在人们心中实际上所代表的理念。如果你问人们在想到宜家时头脑中会出现什么，他们会说出诸如"家具""厨具""扁平包装""商店"等显而易见的东西；但他们也会说出购物体验，诸如"肉丸"、"当日往返的短途旅行"或"排队"；以及更重要的思想，比如"设计"、"生活"甚或是"爱"。这是一个品牌令人兴奋的真实情况：人们头脑中一系列强有力的想法会影响他们去哪儿，以

图2 在宜家购物：顾客形成他们对宜家品牌印象的一种体验，不仅包括质量和价格，而且还包括设计和生活方式

及买什么。

有两个截然不同的"品牌"视角。

从业者——那些管理品牌的人以及那些提供建议的人，自然会有一种内部观点。一些经营者对待他们的品牌非常认真。通用电气公司想代表"梦想启动未来"这个理念，而且它的首席行政官杰夫·伊梅尔特曾说过，"对通用电气来说，'梦想启动未来'不仅仅是一句标语或一个时髦口头禅。它是一种存在的理由"。广告机构常常把品牌看作大创意，这是他们所有信息交流工作的源泉。广告大师大卫·奥格威说过，"除非你的广告包含了一个大创意，否则它就像夜晚漂流而过的一艘船一样悄无声息"。品牌创建专业顾问们把一个品牌看作一组思想，不仅会影响沟通交流，而且会影响一个公司机构所做的每一件事。品牌专家丽塔·克利夫顿支持品牌是"成功公司重要的组织原则"。根据这个观点，一个品牌就是公司机构内的一组思想。

不过，学术界在将品牌作为一种现象进行分析时，往往采取一种局外人的视角。商业学校的学者常常把一个品牌看作消费者头脑中影响其购买行为的一些联想。当然，在这方面存在不同的版本：实际上，存在多少学者就可能有多少种理论。在校园里，另一类专注文化研究的学者往往强调把品牌看作是符号标记，在消费者文化中起着一种重要的作用——不过，他们还是采取一种局外人的视角，而且常常充满批判。

马丁·科恩伯格的书《品牌社会》清晰地将以下两种观点联系了起来：把品牌看作改造管理（内部观点）和生活方式（外部

观点）的某种东西——以及把品牌看作将生产（局内人）与消费（局外人）联系起来的某种东西。

界定"品牌"

因此，一个品牌就是内部所代表的意义及外部所代表的意义。品牌创建学者大卫·艾克把这种内部视角观点看作"身份"，将外部视角观点看作"形象"。"品牌"既表示身份，又表示形象。但是，我们应把哪一种观点看作基本定义呢？哪一种观点能最佳地反映品牌的力量呢？哪一个是"真正的"品牌——公司所要获得的身份，还是我们其他人所看到的形象？谁的观点更加清晰明了——从业者的观点，还是学者的观点？

尽管我的工作背景是一名从业者，但品牌创建学者凯文·莱恩·凯勒的话却深深打动了我："一个品牌的力量存在于顾客头脑中。"因此，我们在本书中采用了这种外部视角观点：一个品牌主要指"一个商业的、有组织的或文化性的实体在人们头脑中所代表的思想和情感"。

"全食超市"（Whole Foods Market）这个有机食品品牌就是人们头脑中的一组联想：质量、健康、有机以及质优价高。"瑞安航空"（Ryanair）这个品牌给人们带来的印象就是低价、简单直接的态度以及基本的航空服务。"三星"这个品牌的概念就是更加智能的新科技、闪亮的设计以及中等价位。诸如此类。

亚马逊公司的杰夫·贝索斯似乎强化了这一观点，他把一种品牌描述为"你不在房间的时候人们对你的评价"。这是一个简洁的定义——但对从业者来说，这也是一个让人感到恐怖的定义。不过，这也许是因为他的表述与其说是"品牌"的定义，不如说是"声誉"的定义。这两个概念彼此意义非常相近，但声誉往往是一种理性的、口语性的东西，是对你所做之事的描述，而品牌往往更感性、更直观，而且是一种信念：我将来要从你那儿获得什么。实际上，一家公司很有可能在名声不好的同时拥有一个好品牌：消费者对其评价不好，却不断地从它那儿买东西。具有讽刺意味的是，亚马逊公司自身就是这种现象的一个典型。

品牌专家马蒂·纽梅尔站队支持更加情绪化的观点。他把品牌定义为"一个人内心对某种产品、服务或公司机构产生的直觉"。这就引发了一个问题：他头脑中想的是哪一个人？因此，最好把品牌想象成每个人直觉感受的综合体。或者，更完整地说，因为品牌不只是情感上的，更是每个人思维和感受的组合：简言之，是他们所有想法的总和。

不只是思想

不过，一个品牌不仅仅是想法。各种品牌都建立在具体事物之上。"全食超市"、"瑞安航空"和"三星"这些品牌并非没有出处：它们都是由这些公司机构的所言所行塑造出来的。我们关于雀巢咖啡的印象部分程度上是由几十年来的广告塑造形成的——由雀巢咖啡的广告宣传塑造而成。我们关于"声田"（Spotify）的想法依赖于用户日复一日所体验到的质量——由"声田"所提供的服务质量决定。可口可乐不仅仅是一种关于非洲进步的抽象概念——它还是一种甜美的、泡沫腾涌的饮料。在这些想法背后，都存在物质。

品牌的迷人之处在于，它们似乎都有一种符号、标记或标签，即一种有特色的方式。再回到维基百科的定义，品牌的确有非常有趣的名字、词语、设计、符号以及其他特征。每个品牌都有一个品牌名称，而且几乎每个品牌都有一个标识语。"英国石油"（BP）有其绿色和黄色的标识；"博柏利"的格子图案标识；"米其林"的轮胎人图案；"伦敦地铁"的打字机字体。"耐克"的标语"想做就做"，以及《经济学人》独特的书写风格。新加坡航空公司甚至有其特殊的味道。让人迷惑的是，这常常被称作"品牌身份"：在品牌创建方面，"身份"既可指"我们想代表的东西"，又可指"我们所使用的符号"。这些符号常常吸引我们头脑中更为直观或者更为感情化的区域——吸引着纽梅尔所说的"直觉感受"。

因此，为了本书的写作目的，（我们认为）一个品牌是指：

- 有关某个产品或其他存在物的一组想法和感受
- 由该产品所言所为塑造
- 并通过一种独特的风格得到认可

比如，"麦当劳"这个品牌就是有关汉堡、儿童、方便快捷食物、"开心乐园餐"以及其他许多东西的一组想法。这是由我们多年来对其餐厅和广告的体验而塑造出来的。金色拱门以及麦当劳叔叔的形象都是它的象征。

再举一个例子，宝马公司的"迷你"（MINI）这个品牌是一组关于个性、灵巧的设计、城市驾驶以及冒险体验的想法。这个品牌是由多年的广告以及非常有特色的车身四角各一个车轮的设计——以及许多电影（比如《偷天换日》）中对该汽车的特写塑造而成。而且它的符号表征就是"MINI"这个标识以及"MINI"散热器格栅的特殊形状。

因此，这就是我们的工作定义——用来解释我们头脑中品牌的力量以及这些思想如何留在我们的头脑之中。但是，不管我们决定如何定义"品牌"，人们在使用这个词时实际上是很随意的。

它常常用于表示"一个创立品牌的产品或公司"，比如，"'英国航空'这个品牌正努力与成本更低的竞争对手进行斗争"。有时，它用于表示标识本身：市场营销总监常常要求他们的广告机构"在这个广告上把我们的品牌凸显得更加重要"。而且，有时"品牌"用于表示品牌创建活动。从事市场营销的人会说这样的话，"'现代'（Hyundai）品牌的目标是增加市场份额"。

事实是，这个词很复杂，又因为它的意义非常模糊而十分实用。实际上，这个概念弥合了各种差距。一个品牌就是处在具体与抽象的结合部：位于一个产品与一种思想之间。它连接着内部与外部：一个公司想要代表的"身份"和它实际代表的"形象"。它联结了员工的生产世界和顾客的消费世界。它将形式和功能——标识与产品——结合在一起。而且，它既包含了商业又涵盖了文化。

品牌与品牌创建

"品牌"与"品牌创建"之间的差异是什么？简单地说，品牌创建就是一个品牌拥有者所做的一系列事情，以确立一个品牌。如果一个品牌就是"你所代表的东西"，那么品牌创建就是一种方法技巧，公司借此让数百万人头脑里都认为其产品代表着某种东西。"品牌创建"是活动，"品牌"是结果："品牌创建"是因，"品牌"是果。

当人们谈论品牌创建或"重新创建"某个品牌时，他们通常表示要把一组有关该事物的新思想植入人们的头脑之中。或许他们还表示，作为加快这种思想变化的一种方法，赋予该事物一种新的风格（名称、标识、颜色或其他任何东西）。当英国零售商"合作社"重塑品牌时，它是想改变人们对其业务的看法——于是它就采用了一个新标识来表明这种改变。

在做这类事情的过程中，品牌经理们试图缩小"形象"和"身份"之间的差距：让他们的产品实际上所代表的意义尽可能地接近他们希望它所代表的意义。对于那些像"苹果"这样的大品牌来说，这种差距很小；对于小品牌来说，这种差距要大得多。有时，这意味着又回到过去："合作社"选择不去设计新的标识，而是回到之前用过的标识，旨在重燃顾客心中的旧思想：本土便利性、道德交易以及物有所值。

当然，所做的这些都是为了提高公司的商业成绩。品牌创建的目的不仅是让人们改变他们的思想，还要改变他们的行为——最明显的就是多购买——我们会在第四章详细讨论。亿贝网的品牌营销旨在让越来越多的人去亿贝网购买新产品——把它看作一个零售商，而不仅仅是拍卖网站。对于非营利机构来说，品牌创建更多是瞄准社会目标，而不是商业目标。比如，改革网（change.org）就采用品牌创建来鼓励人们加入改变政府政策的运动中去。而且，越来越多的商业机构也瞄准了社会目标——联合利华公司就是一个非常好的例子。事实上，他们把社会影响和商业影响看作一种良性循环——你若是更好的市民，消费者在你那儿购买东西就会更开心。

因此，我们可以这样界定品牌创建：塑造产品或公司机构的所言所为，目的是以一种创造商业价值（有时也有社会价值）的方式改变人们的思考、感觉和行为方法。

相同与差异

因此，品牌创建始于改变人们的思考与感觉方式：这关乎意义的创造或者改变，而这是一项精细的任务。

为了创造意义，你得在一开始遵守习俗惯例——要与其他人行为类似——否则人们根本无法理解你。

语言和符号通过约定俗成的意义发挥作用。一家航空公司需要看起来有点像其他航空公司。像英国时尚零售巨头"新面貌"（New Look）、爱尔兰服装零售商"普利马克"（PRIMARK）以及英国快时尚店铺"顶尚店"（Top Shop），这些时尚零售商都有着极其相似的标识。在开始创建品牌时——无论对象是果汁饮料还是一所大学，你的所为、所言以及外观都需要在某种程度上遵照果汁饮料或大学的常规表达。否则，人们不会理解你是什么样的人，也不会信任你。

但是你也得显现出不同之处，甚至要打破常规，否则你无法表达任何新东西，人们也不会注意到你。因此，品牌创建往往追求差异性，力求突显于人群，偏离一致性。就像凯文·莱恩·凯勒说的那样，"品牌创建就是创造不同"。越是不同，风险就越大，但同时潜在的回报也越高。1999年，泰特美术馆的新品牌广告设计在呈交给托管人时受到了抵制，"那不是一个传统艺术展览馆的样子"。但是这个设计确实被采用了，引起众人关注，帮助泰特美术馆实现游客数量翻倍，而且现在看来显得很正常，成为一种新传统。一些品牌创建专家追求他们所称的"MAYA"，即"最先进超前但仍可接受的（most advanced yet acceptable）"。

因此，品牌在某些方面与其竞争对手相同，而在其他方面则不同。即使在不同的国家，情况也基本是这样。一致性很重要：否则，我们每次旅行时的预期都会被打乱，信任也会被打破。但是，即使像星巴克和麦当劳这样的连锁店，似乎到处看起来都是一个样，实际上为了迎合当地口味也有所不同。连锁酒店追求全球一致性，但大多数酒店连锁公司鼓励地方性差异。一个优质的全球品牌，部分意义上是与熟悉程度、可预测性以及让人放心有关，部分意义在于它的变化差别、惊喜之处和地方色彩。

就像品牌从一地到另一地都相同类似，大多数品牌也会年复一年保持不变。我们依赖连续性：大多数品牌从熟悉感中获得力量，追忆童年时代，比如"迪士尼"、"亨氏"、"玛氏"或者"强生"这些品牌。不过同等重要的是，没有什么品牌可以一成不变。消费者在变，态度在变，技术在变，因此品牌创建也必须进行细微的调整变化。变化的速度不一：一个时尚品牌可能变化迅速，而一个基础设施品牌的变化则会慢得很多。但是所有的品牌创建都在创造意义，部分程度上与持久性、传承性和成熟感有关，部分程度上与活力、未来感和年轻态有关。

因此，品牌创建任务与下列决定有很大关联：与你的竞争者保持多大程度的相同之处，在不同国家之间保持多少相同之处，与去年的状态保持多少相同之处——以及要保持多大的差异。

创造意义，创造价值

因此，品牌创建有助于一个产品或公司机构去代表某种东西，因而突显出来，引人注目。比如，宜家精心设计的广告表明一种特殊的生活方式。其设计的产品和门店可以让每个人都买得起设计方案。它细心地管理它的象征符号，比如蓝与黄的颜色、它的标识语以及它离奇古怪的产品名称。而所有这些都帮助它代表"为多数人创造更加美好的日常生活"这一理念。这是当代全球品牌创建的顶点。

品牌创建所做的这一切都出于一个原因：以创造价值的方式改变我们的行为方式。品牌创建创造了各种品牌——我们头脑中的意义、思想，为的是影响我们的所作所为。它让消费者去购买，让员工努力工作，从而实现盈利和发展的商业目标——有时也会实现诸如社会福祉和可持续性这样的社会目标。宜家的品牌创建吸引着顾客，鼓励他们常来光顾并购买更多的商品，因而支持宜家发展壮大，到世界上越来越多的国家开店。不过，它也缓步推动消费者采取更绿色的生活方式，途径是把低能耗灯泡变成标准，推动它所谓的"循环经济"，即顾客不仅可以购买新家具，同时也可把旧家具卖给其他人再次使用。

因此，品牌创建改变人们的观念，是为了创造不同类型的价值（参见方框2）。不过，就像宜家案例分析所表明的那样，品牌创建获得当前这样的范围和力量乃近期之事。几个世纪以来，品牌创建在变化、发展并急剧拓展。

方框2　"易集"（Etsy）：一个生产商的平台

"易集"是一个帮助手工艺者在世界范围内售卖其产品的平台，他们因此建立了自己的品牌。它由罗伯特·卡林于2005年在纽约的布鲁克林建立，作为"一个在线社区，手工艺者、艺术家和生产商能够售卖他们手工制作的、有特色的商品，以及手工艺品储备"。更为重要的是，"易集"认为其任务是"以建立一个更有成就、更持久的世界的方式重新设想商业贸易"。"易集"现在将一百六十万名交易频繁的卖家与两千六百万名买家联系了起来，每年售卖二十四亿美元的东西。就像亿贝网一样，这是一个非常好的平台品牌案例，让卖家有了一个从未可能有过的市场规模。但与亿贝网不同的是，它向着我们时代的另一个方向发展：不仅有消费东西的欲望，而且还有制作东西的欲望。

第三章

品牌创建的历史

1865年，乔治·吉百利正在荷兰考察一个生产可可饮料的新机器。他的家族自1824年就在伯明翰售卖茶、咖啡和巧克力饮料。依照宗教派别划分，他是贵格会教徒，一个想给人们提供健康、无酒精饮料的理想主义者。他同时也是一个需要挣钱的商人，因为破产的贵格会教徒需要离开这一教派。后来，在这个世纪之末，他还为他的工人带来了各种进步的创新——通风的工厂、各种假日、学校，甚至一个被称作伯恩维尔的市镇。

不过，再回到1865年，他被这个荷兰新机器吸引住了，因为它解决了可可饮料的一大问题。可可饮料中满是油脂，使得它饮用起来口感不佳。传统上，这些脂肪采用添加剂去除，包括使用有害的锯末。但是这个机器利用液压压榨可可豆，将大部分油脂挤压去除。吉百利第一次能够给英国人提供一种真正的纯巧克力饮料（参见图3）。

而且在随后的许多年里，吉百利不仅生产了一种产品，还创建了一个品牌。早在1867年，他就开始打广告（生活朴素的贵格会教徒不会自然而然地想到这一点）。他使用了一个大胆的口号："绝对纯正，因此最好。"他把这个口号投放到伦敦的马拉公

共汽车上，这是一种不容忽视的宣传活动。

吉百利不仅促销了可可饮料，而且提倡了"纯真"这一概念。他委托以儿童为形象做广告——儿童正是纯真的象征。他甚至发起了一个追求纯真食物产品的商业活动。吉百利是天生的品牌创建者，领先了所处的时代几十年。很快，他的公司在1905年推出了"牛奶巧克力"，它的第一个大型产品品牌——而且这是有创造力、富有品牌创建特征的另一次飞跃，它把巧克力与乳制品的意象联系了起来。在整个20世纪，"吉百利"成为糖果大品牌之一，不过在21世纪，它被一个名为"亿滋国际"的企业集团收购。

乔治·吉百利帮助品牌创建成为现今的模样。通过巨大的商业想象力，他发现了一个新方法来做品牌创建所做的非凡之事——把一个普通的产品与一个更大的概念联系起来，部分通过产品的表现，部分通过产品广告中的话语，部分则通过它的包装和海报这样显著的视觉方式。

不过，尽管他是现代品牌创建的奠基人，但品牌创建的历史可追溯到他之前许多年，实际上是好几个世纪之前。吉百利辉煌的策略只是一系列非凡的、富有创造力的各种飞跃中的一个，因为人们已发现了新的、更大规模且更大胆的方式来运用品牌创建。实际上，多年来，存在五种不同版本的品牌创建方法。第一种可追溯到文明之初。

标记所有权

在大英博物馆的展厅中，有一件非常精巧的青铜制品，发现于埃及，或许来自底比斯附近。它不比一支钢笔大多少，但它没有笔尖，取而代之的是一个扁平的圆盘，上面有复杂的抽象图案。它已有三千五百年的历史。

古代埃及人把这样的物体在火中加热，直到它们变得通红，然后用它们在他们的牲畜身上烙上一个标记。每头牲畜都有其自己的标记，于是烙印符号就表明了所有权。这个特殊的铁块有一个母狮子符号，表明这些奶牛属于赛赫美特女神庙。

品牌创建始于火——而且英语中"brand"这个词来自维京语"brandr"，意思是"烙印"。"品牌"与"火"之间的联系很有趣。就像火一样，品牌创建总是包含着一种兴奋感，甚至一种危险感，同时又有一种温暖和舒适感。你可以把现代品牌创建之力想象成把思想烙印到我们头脑之中的方式。而且我们依然谈论着"崭新"（brand new），意为直接从火上拿下来，这个短语我们非常熟悉，故而我们对"品牌"的认知与新颖和新奇密切相关。因此，各种品牌，尤其是最新的品牌，被描述成"热门的"（hot）——不过与此同时，说来也奇怪，它们也被描述成"酷炫的"（cool）。

再回到古埃及，在牲畜身上打烙印正是我们现在所看到的品牌创建的典型案例：使用符号赋予一个物体（一头奶牛）更深层的意义（它的拥有关系），为的是改变人们的行为（不要偷它），从而创造价值。这一做法的出现伴随了一个非常了不起的发明——以一个小小的标记，传递一个重大的意义——尽管这种做法现在感觉再自然不过了。这是品牌创建最早期的形式，也是第一个版本。

几千年来，人们烧制烙印、蚀刻、印刻和雕刻各种标记，把意义附加到无生命的物体之上——这是现代品牌创建的先驱。建筑工总是把他们的标记蚀刻到石头之上，制陶工人把标记刻在陶器之上，画家则把标记雕刻在岩洞的洞壁上。这些标记表明"这是我的"或者"这是我制作的"。罗马帝国曾有一个标语——"SPQR"，意为元老院与罗马人民——你会在硬币上看到它，而且在整个帝国范围内的罗马遗迹的石头上都有这种印刻。在此情况下，标记就更具有一种社会意义："这是我们的。"

　　在中世纪，纹章术的复杂技巧传遍欧洲——包含一个标识（盾形纹章）和一个标语（常常是座右铭）。每个贵族都有其标记：一种血统家系的标记，一种家族成员的标记，以及一种与该家族有着密切经济关系的标记。而且在中世纪，现代公司开始出现，使用一种商标名称，同时还常使用某种意象。不少品牌名称可追溯到这个时期——比如，时代啤酒（Stella Artois）可追溯到1366年。黑狮牌啤酒的狮子符号可追溯到1383年。

　　打烙印的实践也曾有过黑暗的一面：在奴隶的身上烙上标记，也是表明所有权；或者在罪犯身上打上烙印，表明他们犯了罪。尽管我们不再把标记烙在彼此身上，但这种"打烙印"的负面感觉依然非常普遍，尤其是报纸的标题中。政府的政策被"打上一种失败的标签"；政客的诺言被"打上各种欺诈伎俩的标签"；医院被"打上数量不够的标签"。

　　当然，如果一位农民给其动物打上烙印，那么很快所有农民都必须这样做：于是打烙印很快传播开来，因而成了规范。不过，得克萨斯州一位农场主在19世纪50年代因为拒绝在其牲畜身上打烙印而出了名。他的名字叫塞缪尔·马弗里克，而英语单词"maverick"就来自他的名字，表示某人特立独行。马弗里克解释说，他不想让他的牲畜受到痛苦折磨；其他人指出他可以宣称任何没有烙印标记的动物都是他的。因此，就像现在一样，试图逃避标记体系是没有用的。不打烙印标记只不过是另外一种标记形式。

在动物身上做烙印标记当今依然存在，不过常常采用冷冻法而不是烙印法。我最近在罗马尼亚特兰西瓦尼亚的一个利皮扎纳马场看到了打了烙印的马，但这种复杂的标记系统不再表示所有权，而是血统遗传。

让人感到欣慰的是，极少有人被打上烙印，但文身的做法正在兴起：这是一种给自己打上标记、表明自己的热爱的方式，奇怪的是，有时人们会文上一些商业标识，比如哈雷·戴维森摩托的标识。

而且公司机构依然在其财产上打上标记：罗斯柴尔德家族就在其不动产上打上了家族标识；而每个公司都在其办公室、工厂和仓库展示其标识。

保证质量

再回到18世纪，给财产打上烙印标记的做法已得到确立。而且对于手工艺者来说，把制作者的标记贴到作品之上已有悠久的传统。手工艺者行会采用标记，就是想消灭赝品伪造；而且法律要求金匠和银匠的作品要由一个独立的"检验办公室"打上标记。但是随着工业革命和大规模生产的到来，出现了新的观点：如果你是一家工厂的拥有者，你可能不会把标记贴在你的财产上，而是贴在你的产品上。你可以把一个产地标识变成一个明确的质量标识。你可以把标识的意义由"这是我的"以及"我生产了这个产品"调整为"这是一个你可以信赖的产品"。在一个可以大规模生产假冒产品以及常常生产掺假食品的时代，这些标记能够赢得消费者的信任——并获得更高的价格。这是品牌创建的第二个版本。

做标识的方法开始发生变化。烙印标记演变为在产品上印上标识，比如在陶器上印标识；接着又变为在包装上印标识。伟大的陶器生产商乔西亚·韦奇伍德就是这一思想的先锋，自1759年起就在其产品上印制"韦奇伍德"。十年之后，他开始加上"伊特鲁里亚"（Etruria）这个词（这是他给他的工厂起的富有灵感的经典名称）。他知道这类品牌创建可以向迅速扩大的中产阶级说明，他们正把辛苦挣来的钱明智地花在耐用的产品上，让他们放心。

到了19世纪20年代，"品牌"这个词就明确地采用了这个新义。品牌的名称以及品牌的声誉成为重点，于是出现了一种新的专业知识：设计商标和包装。这种工作大部分都是由商业艺术家完成，现在早已被人遗忘了；不过，公司偶尔也会采用著名画家的作品。梨牌香皂多年使用一幅名为《肥皂泡》的油画，其原名为《一个孩子的世界》，由约翰·艾弗里特·米莱斯所画。

品牌创建在19世纪70年代获得了巨大的新力量，因为你能够以"注册商标"的方式来保护这些新资产。设计与法律进行了有效的结合，因而许多早期注册的商标现在依然是有效的价值创造者，比如"巴斯"、"金宝"和"家乐氏"。（当然，"巴斯"商标正是马奈在1882年的画作《女神游乐厅的吧台》中所描绘的。）

"可口可乐"于1886年开始注册商标（在早期，每一份配方中含9毫克可卡因），"金宝"是在1898年注册商标的，而"家乐氏"注册于1906年。当然，上述品牌现在依然都是大品牌：品牌创建可以拥有非凡的寿命。这些品牌都使用了红色——一种能够突出的颜色，一种能够表达温暖和能量的颜色，同时也是火的颜色。并且，所有这些商标都用了一种看起来像手写的印刷体。它们看起来就像签名，就像对质量的个人保证。

到如今，制造商通常使用广告来促销其产品，通常提供简单、实用的好处，比如可口可乐公司的广告强调"美味"和"提神"。这类品牌创建的设计是为了在人们头脑中培养出相当简单的概念，主要是关于质量和实用性。而且这种方法现在依然盛行：一个非常有名的例子就是木材着色料品牌"朗秀"，它的广告标语自1994年以来一直都是"桶上所见，正如所得"。

实际上，大多数品牌创建依然按照这种方式进行：把一个名称印刻到我们的头脑中，让我们记住那个名字，并把名字与有限的几个主要功能联系在一起。比如，大多数家用产品的品牌创建都是这个套路。一个零售商品牌，比如说"约翰-路易斯"（参见方框3）或"目标"，其表达的主要意义就是它所生产或售卖产品的质量。

"约翰-路易斯"不仅仅是一家几乎人人羡慕的零售商，而且还是英国一项几乎人人羡慕的制度。它打破了所有市场营销的规则，其首要目标不是为了顾客的幸福，而是为了员工的幸福。但是它一直被投票选为英国最受喜爱的零售商。它是由约翰·斯皮丹·路易斯在1920年按照现在的公司形式建立的，公司采取一种合作形式，由代表公司工人的托拉斯所拥有。89 000名"合伙人"共同经营着40个百货商店和350多个"韦特罗斯超市"，提供非常好的顾客服务。这些合伙人所获得的年度奖金，几年后可达到工资薪水的五分之一。"约翰-路易斯"品牌的主题是由其奠基者于1925年所写："从不刻意抛售"——这句出人意料的英语表达意在安抚中产阶级购物主体：他们在其他任何地方都不会找到比这更有价值的产品。公司的秘诀很简单：快乐的员工产生快乐的顾客。或者，换一种略微不同的表述：品牌创建始于内部。

充满希望的快乐

不过，故事并未到此为止。大约在20世纪初，大规模生产伴随着大众媒体的到来得到了加强。工厂所有者意识到，他们必须联合媒体拥有者，以赋予他们的商标更大的力量。他们发现，通过报纸以及后来的电影院和电台来做广告，能够做的远远不只是保证质量。他们能够把他们的产品与某种有影响力的概念联系起来——就像吉百利公司所提出的"纯真"概念。

这类品牌创建正如我们在本书一开始看到的可口可乐公司在肯尼亚的海报广告（参见图1），尽管现在看起来是普通之举，但它在当时是又一次的大胆飞跃。品牌创建能够做的不只是保证质量。它可以带来更大的理念、更大胆的隐喻和诗意的联想：不仅仅是功能质量，还有更深层次的快乐愉悦。以此方式，你可以激起人们的欲望，去购买他们本来不想要的东西，这会促进销售额；而且会让人们感觉与你的品牌有一种情感联系，并且在理想情况下，忠于你的品牌。这是品牌创建的第三个版本。

比如，可口可乐公司在1932年把广告标语由平实的表述"美味提神"改为让人惊讶不已的诗意表述"冰爽阳光"。威蒂斯麦片（Wheaties）的广告语在1934年变成了"冠军的早餐"。戴比尔斯公司在1947年提出"钻石恒久远，一颗永流传"。

品牌创建方法再一次转变成广告和公共关系的新艺术。像心理分析这样的文化力量在这方面发挥了作用。西格蒙德·弗洛伊德的外甥爱德华·伯奈斯是公共关系的奠基者，而且他发现了利用潜意识来操控人们行为的方法。（他认为操控是一件好事。）

像伯奈斯这样的人认为，可以把产品与抽象概念联系起来，抽象概念要胜过产品的实用性好处。他说服妇女抽烟的方式是拍摄女影星独自在纽约大街上抽烟，把香烟与某种私下娱乐，甚至更重要的是与独立性的思想联系了起来。此刻，一根香烟可能就会让你独立不受约束。一个普通的产品可能也会让你在别人面前显得更好，而且自我感觉也更好。

品牌创建大师

广告商开始展现这种诀窍，利用一种主张和一种个性来界定品牌，以产生非常有说服力的交流沟通。这种主张清楚表明该产品给消费者提供的各种好处。其巅峰就是"独特的销售主张"理念（缩写为USP），由泰德·贝茨在20世纪40年代创造：你的广告应向顾客传递一种你的产品（尽可能）独有的优点。接着，《哈佛商业评论》1955年的一篇文章介绍了"品牌个性"这一概念，使其更具情感或潜意识上的吸引力。现在的品牌创建可能对情感和理智都有吸引力，刻意去改变人们的思考与感觉方式。

大型消费品生产商——如可口可乐公司、宝洁公司、福特公司以及许多其他大生产商，变成了品牌创建大师，并把这种实践看作一项长期的战略投资。广告大师大卫·奥格威的信条是"每个广告都是对品牌个性长期投资的一部分"。广告不仅仅是关于短期销售的，更是长期的品牌建设，广告机构成了他们客户品牌的拥护者、守护者，甚至是牧师。

20世纪60年代，伴随着电视机进入家家户户以及广告业的"创意革命"，品牌创建的版本改变了方向并逐渐壮大，产生了更加复杂的品牌信息，通常使用电视机为媒介。可口可乐公司不再宣传它解渴的功能如何强大，而是通过像"好品位的标识"这样的标语使得你在朋友面前看起来很优秀。后来，它通过著名的"我想给世界买瓶可乐"宣传运动，让你觉得自己是一位乐观的世界公民。

比尔·伯恩巴克在其广告机构恒美广告公司中逐步提出精致微妙的反转讽刺性广告，以迎合受众对自身判断力的感知。一个著名的案例就是1959年大众汽车公司"甲壳虫"汽车所做的广告，纯黑白的图像配有一行大字标题，将美国汽车业中普遍认可的智慧逆转成这样的表述"想想还是小的好"。广告牌几乎都是空白。大字标题后面用了句号，显得像一句断言陈述，而非销售标语。文本诙谐新颖、机敏而有智慧，清楚地说明了小即好的方方面面（油耗、停车空间、价格），并暗示你若想显得与众不同，更时髦雅致，那么当然要选择一台大众汽车。

除了产品品牌，还开始出现各种服务业品牌，如"美国运通""希尔顿""泛美航空"等品牌。自然，广告常常要展示那些提供这类服务的人。为某种服务创建品牌本身就成了一门艺术，要比产品品牌创建更为复杂。"泛美航空"聚焦其服务的有形部分：服务卡本身。其他的广告将乘客（理想的）体验编写成剧本展现出来。一份泛美航空公司的广告这样说道："飞往欧洲途中，鸡尾酒与咖啡相伴。"

因此，一家航空公司、一家酒店或一家银行的品牌创建要依赖公司员工去做正确的事情，以兑现广告中所做的诺言。品牌创建首次不再是市场营销部门一个部门的工作：品牌创建现在涉及整个公司。按照这种方式，品牌创建开始涉及的不仅仅是产品，还有产品背后的人：公司企业。

带来归属感

在20世纪中期，社会上出现了一种新生力量：后工业时代的股份有限公司。公司成为巨大的、超国家的力量中心。大型股份有限公司以及他们的机构投资者认为，他们能够将品牌的影响力从个人产品扩大到公司本身。这又是一次大胆的飞跃，因此品牌创建超越消费者，开始对新的受众——员工、投资人和舆论创造者，产生作用。公司现在可以是"股份有限品牌"，而这种品牌创建能够做到的不仅仅是许诺快乐。它能够给各种股份持有者带来一种归属感。有了归属感，员工就会更加勤奋地工作，而消费者就会更持久地忠于（这个品牌）。这就是品牌创建的第四版。

品牌创建实践发生了变化，变成对一个公司机构的目标（或者说是"愿景"，又或者说是"中心思想"）进行界定，通过视觉设计予以表达，即标语以及辅助设备，并且通过股份有限公司用于建设内部工作文化的各种机制进行分享。于是一种新的专家登上了舞台中央：以设计为基础的品牌顾问。

这个概念最初被称作"企业认同感"，早期的先锋包括第一次世界大战前德国家电公司AEG的品牌顾问彼得·贝伦斯，接着是20世纪20年代的伦敦公交公司、20世纪50年代的美国国际商用机器公司（IBM）。不过，这在20世纪80年代才开始受到普遍欢迎。里根主义和撒切尔主义又进一步美化了股份有限公司，并造就了一大批新的私有化公司——比如像英国航空公司和英国服装品牌"博柏利"这样的公司。这是股份有限公司的黄金时代。

有趣的是，个人电脑与此同时给了个体一种新的力量感，在苹果麦金塔电脑上达到了顶点，于是20世纪60年代出生的一代人开始认同表面上反大企业的新公司，比如苹果公司、维珍集团或西南航空公司。这种新现象感觉起来就像消费者品牌，于是"企业认同感"这样的旧术语就转变成了"企业品牌"——不过，在某些方面，"非企业品牌"可能更为恰当。

公司与公司的对抗

苹果公司是这类艺术的大师。它用一个著名的广告发布"苹果麦金塔"个人电脑，广告由里得雷·斯科特执导，展示的是一名女运动员（代表麦金塔电脑）跑进一个体育馆，接着把一把长柄大锤扔到屏幕中"老大哥"的脸上（代表商业计算的旧世界）。这个广告戏剧化地呈现了一种新的时髦企业品牌，取代了以IBM为典型代表的旧的企业身份模式。它邀请消费者加入一项帮助打败"老大哥"的运动之中。

这些新一代企业品牌甚至能够从一个产业扩展到其他产业，利用他们的品牌将客户带到新产业中。"维珍"从唱片起家，又发展到航空业，接着又参与了金融服务、火车、移动电话等产业。

像"维珍"这样的企业品牌对消费者有吸引力，但品牌创建也成为公司间买卖的一个有力工具。除了B2C（商业公司到消费者）品牌之外，出现了一种新的B2B（企业到企业）品牌，许多品牌都是信息技术领域的，如"埃森哲"、"思科"、"甲骨文"、"SAP"、"高盛"、"3M"以及"路透社"。

而且就是在这个时间节点，品牌创建方法开始传播到企业之外的领域，包括非营利组织、体育俱乐部、政党、城市、国家和名流界。越来越多的人讨论"品牌"，并著书立说。

行动的激活赋能

20世纪末，消费者行为模式随着互联网的到来而发生了改变。消费者也能够破天荒地成为生产者。像阿尔文·托夫勒这样的作家早在20世纪80年代就讨论过产消合一者，但是互联网让产消合一者成了主流。突然间，人们比以前具有更多的知识和力量，并获得巨大的新机会去生产和售卖东西，同时还购买这些东西。

全新的行业改变着一个又一个产业："亚马逊"、"亿贝"、"谷歌"、"优兔"（俗称油管）、"讯佳普"（Skype）、"脸书"、"维基百科"、"爱彼迎"和"优步"。这些产业都没有许诺快乐或者（在任何深层情感意义上）带来归属感，但它们都给人们提供了一个平台做新奇之事。它们为行动激活赋能。有了"亿贝"，你能够把你的东西向全世界售卖；有了"优兔"，你可以在浏览海量视频剪辑的同时上传你自己的电影；有了"爱彼迎"，你可以"列出你的共享空间"，把你的家租给来自全球的游客。这是品牌创建的第五版。

这些新行业并非利用品牌创建来售卖东西，而是鼓励使用网络影响：使用这些产品的人越多，它们就变得越有用。因此，品牌创建的方法再次发生了改变。新的平台根据它们在人们生活中的作用以及支持用户体验的原则来思考问题——而且它们的成功依赖于那种体验的效果。以前的广告和标识设计艺术在这个（新）世界里不再那么重要了——而且事实上，这些新品牌大多数都没有经过专业标识设计或者进行广告宣传活动。相反地，其中的专业知识就在于技术公司自身，在于服务设计者这样的专业人员。

这些平台导致一种新品牌的诞生，即对等品牌（或缩写为P2P）：“亿贝”上的个体销售者品牌，或“优兔”上的视频博主品牌，或“爱彼迎”上房产的“主人”品牌。

我们现在身在何处

所有五个版本的品牌创建都依然存在着。动物们依然在被打上烙印。许多最普通的产品依然利用广告宣传其质量和功能。或许，占主导地位的品牌创建依然是这些方法：赋予产品更深层次的情感联想、许诺快乐或维护自尊心——因此从事这项工作的广告机构依然是品牌界最强大的力量。与此同时，大多数大公司都非常认真地对待其公司品牌，因而品牌顾问（公司）的影响力依然巨大。

最新的品牌创建类型，即第五版本，还很年轻。我们无法预测它如何逐步发展，而且也不清楚这种新类型的品牌创建专家会是谁。而且，历史的发展并非一条直线。

几个最大的网络品牌背后的创业公司，现在都变成了全球大公司，开始做品牌广告，并且重新设计了它们的标识，使之看起来更像传统公司，这一点我们会在第八章中看到。它们徘徊在征募参与者的新型品牌创建方法和为公司促销的老品牌创建方法之间。

控制程度

有了这些不同类型的品牌创建方法，几乎任何东西现在都可以进行品牌创建。不同之处就是所涉及的控制和复杂程度不同。

产品、服务和内容的商业品牌创建（比如《蜘蛛侠》《小马宝莉》）受到所有者及其律师的严格控制，不过相对简单：它帮助一个公司向消费者销售某种东西，以便从该产品中获取最大价值。

公司、非营利机构、体育俱乐部、政党等机构品牌创建更为复杂。其目的就是鼓励人们对该机构给予最大支持，但这也意味着要涉及更多类型的人（经理、员工、所有者、投资者、支持者、会员），于是常常出于必要，控制和管理就没有那么紧。

关于区域地方、种族、各种运动和概念的文化创建最为复杂，因此可能无法按照任何公司的方式予以控制。其中的目的是传播某种理念，这种理念常常不属于某一个人。

而事实情况是，许多品牌横跨不止一个领域。"IBM"是一个产品品牌，一个服务品牌，同时也是一个企业品牌。"杰米·奥利弗"（Jamie Oliver）既是一个产品品牌，又是一个具有特定个性的人的品牌。"英特尔"是一个企业品牌，也是一个产品品牌。品牌创建是一个动态的、充满机会的活动，不断打破学者和顾问们试图构建的概念类别。

企业到企业模式

"英特尔"实际上就是"企业到企业"品牌模式的一个典型案例，它通过"内置英特尔芯片"活动也进入了"企业到消费者"领域。英特尔生产先进的计算机芯片并卖给计算机公司，不过，他们在20世纪80年代后期发现很难与价廉的竞争对手竞争。因此，它开始支付其客户，即计算机生产商，让他们在其产品上贴上"内置英特尔芯片"标签，以表明其附加值。这些计算机的销量飙升。消费者感觉"内置英特尔芯片"代表了质量（以及某种神秘元素），于是英特尔通过一家"企业到企业"公司在消费者之间迅速成名。

许多"企业到企业"品牌现在正采取一些"企业到消费者"的品牌创建方法，以赢得客户头脑的方式吸引他们客户的消费者。"空客"和"波音"卖它们的产品给航空公司，但它们的品牌也为乘客所熟知：最新款的波音飞机能够吸引消费者去一家使用该款飞机的航空公司。

传统上，品牌创建在"企业到企业"领域所起作用很小：客户购买你的产品、服务或者你的专业知识，并非你的品牌。但是这一切正发生变化。即使像"普华永道"和"安永"这样理性的大审计公司现在也重资投入品牌创建，尤其想要吸引最聪明的毕业生。在许多方面，"埃森哲"一直是先锋，它自成立那天起就重视在品牌创建上进行投资，一直使用"追求卓越"这个标语。

豪华奢侈悖论

在天平的另一端——能让消费者快乐地支付大量额外费用的，则是奢侈品品牌。一件"拉夫·劳伦"衬衫、一支"万宝龙"笔、一个"卡地亚"包、一双"路铂廷"（Christian Louboutin）高跟鞋或者一辆"法拉利"小汽车，其价值的大部分都在品牌之上，而不是产品之中。不过，奢侈品品牌创建也在发展前进。这些公司不再仅仅面向西方少量的富人，相反地，现在正向中国数量庞大的新中产阶级开展售卖。（曾经的）稀缺已变成了丰富。许多奢侈品公司正拓宽其吸引力范围，比如通过与大众市场的零售商们合作：法国高级时装品牌"浪凡"、意大利知名品牌"范思哲"、美国华裔设计师亚历山大·王（王大仁）就与时尚快销品牌"H&M"合作；法国高级服装品牌"勒梅尔"与日本的"优衣库"合作。"博柏利"生产了一款被其称作"入门级"的香水，比它生产的衣服还便宜。

实际上，在时装行业，品牌传统上对那些喜爱标签、想让别人看到自己穿着品牌标签并想在朋友面前显得受尊敬的那些人具有吸引力。但最近，它开始以一种不同的方式对那些厌倦标签、避免炫耀卖弄、想要自我感觉良好的人产生作用。因此，除了标签外，还有反标签：最新的品牌创建形式就是一种非常有自我意识的匿名低调。"梅森·马吉拉"的衣服常常带有空白的标签——尽管衣服的外面仍可见它缝制的痕迹，因此，这些衣服依然可向那些懂行的人宣示自己。像"唯特萌"（Vetements）这样的新入局者，其服装并不携带设计者的名字或者一个显著的标识，目标消费者是那些不想成为行走的品牌广告的人——"唯特萌"的创始人丹姆纳·瓦萨利亚这样说道："对我来说，终极设计者就是穿上它的女士。"

只要有市场

于是，我们身边所看到的就是一个品牌创建的世界。五种不同版本的品牌创建全都在起作用。商业的、机构组织的和文化的品牌创建，每一种都涉及不同程度的控制。在企业对企业模式的品牌创建中，你可能认为品牌作用最小；而涉及奢侈品品牌创建，品牌所起的作用或许最大。

品牌创建在劳动力市场也有很大的影响力。对于最优秀的新员工存在残酷的竞争，而最有说服力的第四版品牌创建吸引着最好的新人才。公司机构也在引资上存在竞争，因而一个强大的品牌会让你在投资者面前更有价值，甚至会从银行那里获得更好的优惠。公司机构不断加强合作，而这种趋势又创造了另外一种市场：一个强大的品牌可能帮助你吸引到最佳的合作伙伴。只要存在市场，就存在品牌创建。

有没有无法创建品牌的东西？有没有什么人类活动如此非公司化，没有设计、粗陋简朴或这样不被别人注意，以至于品牌创建从不起作用？水？空气？幸福？甚至像毒品这样的非法产品常常都有品牌。

一种不断变化的力量

我们对品牌思想如此熟悉，因此对我们来说一切都显得很自然。可是，品牌创建其实是经过一系列大胆无畏的飞跃成长起来的：这种飞跃从财产到产品、从产品特性到更广泛的情感联想，从产品到组织机构，而且还从消费到参与。品牌创建也从商业领域扩展到更广阔的组织机构世界，接着又扩展到宽阔的文化空间。而且，它不仅仅在你能预想到的充满魅力的部门（比如奢侈品）发挥影响力，同时也能在更加灰色的"企业到企业"市场发挥影响力。多年来，品牌创建总是不断地发现更多的方法，去改变人们思考、感受和行动的方式。

品牌创建的作用方式

回想一下，你今天是如何开始一天的生活的？作为消费者，你自早晨醒来后就一直进行消费。你还会做出许多被动的选择，尤其是要在你使用的东西和你根据习惯或疏忽而做的事情之间做出选择——你的广播电台、咖啡、沐浴露、电话、社交软件、浏览器，甚至你要去工作的公司——尽管在过去某个时间点，你对所有这一切都做过有意识的选择。其他的事情则是更为积极主动的选择：你要买的东西、要去的咖啡店、午餐地点。当然，有一些事情你无法改变：你要乘坐的公交车所属的公司，你办公用的电脑。

对我们大多数人来说，这些选择在某些阶段大都受到品牌影响。我们选择的麦片口感要好，或者要有营养，价格也要低廉——但也可能是因为这种麦片让我们回想起了童年。我们选择的广播电台要最适合我们的情绪，或者能给我们提供最正确无误的新闻——但它也要能体现出我们乐于让自己成为什么样的人。我们可能选择我们最先遇到的取款机取现——或者是我们认为最符合商业道德的那家银行的取款机。

换句话说，我们选择事物时不仅仅考虑其功能，也关乎它们让我们对自己以及与他人的关系感受如何。我们做决定时不仅仅是基于产品考虑，还基于产品所代表的意义（即品牌）进行考虑。

各种品牌——从"纯果乐"到"高露洁"、从意大利咖啡品牌"意利"到日本化妆品品牌"资生堂"、从日本娱乐厂商品牌"任天堂"到幻灯片演示文稿软件PPT、从《纽约时报》到美国新闻聚合网站"热报"（Buzzfeed）——所有这些都不是一种被动存在的现象，坐在那里袖手旁观。它们深入我们的内心。它们是一组让我们行动做事的概念、感受、回忆和意象。

品牌创建对我们理性的大脑产生作用——同时在更深层次上影响我们的直觉、前意识推理和情感。通过改变我们的思考方式，并且更加深入地改变我们的感受方式，品牌创建最终改变了我们的行为方式。而且它不仅仅影响到消费者，同时还影响到员工。

品牌创建改变我们思考与感受的方式

通过我们使用某种产品的体验以及通过该产品广告所表达的广告词，我们能够建立一套有关该产品的观念。这就是品牌创建理性的一面。古希腊哲学家亚里士多德在其《修辞学》一书中预见了品牌创建方法，并使用"逻各斯"（logos）对之进行了讨论：一个词，也可成为一种理性的论据。（"逻各斯"也是标识"logo"的词源，我们用它来表示"品牌标志符号"。）

比如，我听说过索尼，我知道这是家日本公司。我知道它生产游戏机、电视机、移动电话（手机）——而且还知道它制作电影和其他形式的娱乐活动。我认为它的技术很棒，尽管也许没有（比如说）LG先进。我认为索尼的产品制造精良、设计精致：它性能可靠，因而价有所值。按照这种方法，品牌创建吸引着我们清醒的、理性的头脑。它提供了一种"品牌建议"，因而有助于我们考虑购买（比如）一件索尼产品的各种好处（参见图4）。这就是第二版品牌创建（即保证质量）起作用的方式。

不过，更加现代的品牌创建的真正影响力在于它发展得更加深入。它还吸引着我们的直觉以及无意识、非理性和情绪化的自我。通过一件产品给我们提供的快乐、通过该产品引起的回忆、通过我们从朋友那里看到的态度、通过其广告里的故事讲述、通过其标识的颜色，我们建立起一系列感受。按照这些方式，品牌

图4　让人们购买：索尼公司的品牌创建改变了人们对其产品的思考和感受方式——同时让他们购买，并持续购买

创建创造了一种"品牌特性"，有助于我们意识到某个特定决策是正确的。亚里士多德或许会把品牌创建的这个方面分析为"气质"（说话者的性格和可信程度）和"感染力"（听众的情感）。这就是第三版的品牌创建。

比如，我已使用"索尼"电视机看了几千小时的电视娱乐节目。实际上，这是我购买的第一台电视机，因此在某种程度上，我是一个索尼支持者。我信任索尼。专家朋友告诉我它的画面质量非常好。我在无数的电影里（其中的一些，毫无疑问是由索尼影业拍摄的）看到索尼的产品看起来很好。我喜欢它的交互风格，甚至喜欢那些有点笨拙的小标识：它们朴素不惹眼，却让人安心、觉得可靠。这些都只是个人感受，写在此处似有误导之意，只因为它们已以预设和下意识的形式存在于我的脑海中。

快速思考

实际上，诺贝尔奖获得者、科学家丹尼尔·卡内曼所说的"系统1"思维，就受到品牌创建的强力吸引。他在《思考，快与慢》一书中描写了直觉的"系统1"和有意识的"系统2"思维模式的差异。我们在生活中不断地使用系统1进行思考。比如，在我们开车时，我们不用考虑每次的换挡或方向盘：我们大部分时间都是自动驾驶。品牌创建常常直接吸引着我们自动驾驶状态的大脑，让我们无须有意识地思考就选择超市货架上的某个产品。品牌创建使用标识、符号、颜色、意象、音乐、气味、味道对我们的直觉直接产生作用。通过在人们头脑中产生一种品牌个性，并通过该品牌风格来表达这种个性,品牌创建的目标就瞄准了系统1。

品牌创建常常通过非理性现象——比如"习惯性"和"感染影响",发挥作用。举个例子,《唐顿庄园》这个电视剧品牌从这两个方面对我产生影响,每年我看这部电视剧是因为我曾经一直看(习惯性),并且因为其他人很多也在看(感染影响)。我们人类易受一系列诸如此类的认知偏见的影响,而品牌创建则常常依赖这些偏见。甚至存在一种受到社会心理学家认可的认知偏见,叫作"宜家效应"——我们仅仅是因为自己动手组装了某种东西,于是就喜欢上它。

习惯性是品牌忠诚目标(第三版和第四版品牌创建的目标之一)的一个重要贡献因素。而感染影响则在第五版品牌创建中至关重要。许多在线商业公司都依赖网络效应:某种服务(比如"爱彼迎"和"优步")的用户越多,它就变得越有用。在这里,功能和情感的相互作用就很关键。"感染影响"变成一件复杂的事情,比如,我选择"爱彼迎",不仅仅是因为其他人也这么选择,而且还因为它有利于我的举止表现能像他们一样。

实际上,大多数品牌创建都是通过将直觉和理性融合到一起而获得影响力。有时,品牌创建首先会产生一种自动、直觉的效果(系统1思维),接着我们会在事后将其合理化(系统2)。我可能会在超市里不假思索地抓起一条英国有机巧克力"绿与黑",因为我下意识地被这种复杂的黑色包装吸引。接着我会告诉自己,我选择它是因为它是健康有机的(食品)。

在其他时候,品牌创建一开始利用一种纯粹的功能性吸引力，但当我们习惯了这个品牌产品时，我们就会向人们说起它，我们对它感到更加亲切，因此它获得了各种情感因素。举个例子，折扣超市"奥乐齐"（Aldi）与"历德"（Lidl）受到欢迎仅仅因为物价便宜，但它们现在变成英国中产阶级自以为豪的身份品牌。给你的宴会客人提供一瓶从"奥乐齐"超市买来的红酒，恰恰表明你是一位多么有见识的购物者。

大脑内部

　　一些专家采用脑科学来分析理性和非理性的相互作用。他们认为决定一开始是由我们大脑中那些从爬行动物祖先那里继承下来的原始部位做出的。接着我们大脑中的边缘系统（处理我们社会情感的区域），或者说我们的脑皮层（我们进行理性思考的区域）将去证明这些决定是正确的。因此，举个例子来说吧，我也许购买了一辆十分耗油的SUV运动型多用途汽车——比如"保时捷卡宴"。我告诉自己，选择"保时捷"是因为开着它走泥泞小路到我乡下小屋很实用：这就是脑皮层在起作用，即事后的合理化。我告诉朋友们，我购买它是因为其驾驶位高，对路上其他人来说更安全些：这就是大脑边缘系统在起作用，让我成为一名好公民。但是，真正的原因依旧是个谜，埋藏在我大脑中从爬行动物继承下来的区域：我选择它是因为它给了我一种原始的力量感。

　　更精确地说，"消费者脑科学"新领域研究开始揭示品牌如何在大脑内部发挥作用。采用功能磁共振成像设备观察大脑如何对刺激做出反应。科学家们希望看到品牌刺激的效果（比如，呈现一个商标或者给予某个品牌的苏打饮料）。有证据表明，品牌在大脑正中前额叶皮层会产生反应，该皮层位于前额后面，与奖赏感有关。盲测时，可口可乐与百事可乐品尝起来产生的反应相同；但当人们（受试者）能够看到饮料罐时，可口可乐似乎比百事可乐引起了更多的反应。

品牌同时也会在大脑更深部位海马状突起以及前额叶皮层背外侧区域产生反应。这两个区域均与记忆有关。因此，品牌似乎能通过刺激引发与奖赏和记忆有关的活动。这一切都很有趣，但并不令人惊讶：它告诉我们大脑内产生反应的区域，但没有告诉我们为何会产生反应。而且这是基于核磁共振实验室这种高度模拟环境下人们的反应。我们要理解品牌创建在大脑细胞层面的反应，还有很长的路要走。

品牌改变我们的行为方式

那么，这一切是如何影响人们行为的呢？很显然，品牌创建让我们作为消费者购买东西。比如，"优衣库"这个品牌让我们认为，它的产品设计精致，价格却低廉得惊人。这个品牌也让我们同时感受到许多东西：或许我们喜欢优衣库略显奇特，但又非常整洁干净的日本气质。于是我们行动起来：我们购买这种T恤衫（或许在我们逛商店时，还会心血来潮购买其他东西）。

不过，还不止这些。品牌创建吸引来更多的顾客，让他们购买更多的东西。品牌创建还会让他们以新的方式，更频繁地从你这里购买东西。比如,在音乐领域,"苹果"这个品牌让我们从CD转向了下载音乐,接着"声田"又让人们从下载音乐转向了在线流量。而且在很多情况下,还是拿"苹果"来说,这是一个很好的案例:它让人们付更多的钱,支付一种"品牌溢价"。

如果你是一个慈善机构,比如说"牛津饥荒救济委员会",品牌创建会让人们给你捐款。如果你创设一档像《傲骨贤妻》这样的电视节目,品牌创建会让人们收看这个节目。即使你的服务(表面上)是免费的,比如"推特",品牌创建也会让人们开始使用它。而且好的品牌创建可以让零售商售卖你的产品,让比价网推荐你的产品,让代理商和经纪人更喜欢你的产品——所有这些都促进销售。

因此,品牌创建让人们购买,这意味着好的品牌无论如何都会增加公司的收益。

但是品牌创建真正的深层影响力在于它让我们继续做某些事情,一直到未来。品牌已把自己烙印到我们头脑之中。它们创造的不是一种单一行为,而是习惯性行为。品牌创建让人们不仅仅从你那购买东西,而且还认同、接受你:不仅仅是支付钱,而且还进行情感投资。因此,用品牌创建专家蒂姆·安姆伯勒的话来说,"一个品牌就是未来现金流的一个上游水库"。良好的品牌创建让你的未来更有预见性。

举个具体的例子,最近几年丰田汽车有大量的质量问题,已迫使其召回维修。但"丰田"的品牌帮助其生存了下来。顾客认为,尽管最近有各种瑕疵,但这些都是好汽车。人们喜欢"丰田"相当认真的品牌个性。于是，他们还购买"丰田"汽车。实际上，即使在几次重大产品召回之后，"丰田"汽车依然每年销量九百万台。

这种忠诚行为是有意识的、深思熟虑的，但品牌创建还造就了一种不那么谨慎的忠诚行为：比如说，我们常常仅仅出于习惯去购买某品牌的调味番茄酱。

因此，品牌创建会让整个公司机构以外的人持续购买，而且常常向朋友们推荐该产品。它能够把顾客转变成非正式的销售员。在一些情况下，甚至能够鼓励他们聚集起来成立"品牌社团"——粉丝团。围绕成人或儿童玩具而建立的品牌社团尤为引人注目。"哈雷·戴维森"、"吉普"、"芭比娃娃"和"乐高"都有各种粉丝团，无论是正式的还是非正式的。

良好的品牌能让媒体赞扬你，让政策制定者支持你，甚至可能让监管机构为你铺平道路。而且它会让投资者与你一起共渡难关，而不仅仅是共享繁荣。

用金融术语来说，所有这一切也意味着你的"风险"下降了：你的未来更有保障。在2008年金融危机之后的低迷期间，美国大公司的市值大幅度下跌。但是，相反地，如果你只看那些拥有最富价值品牌的公司，其市值下跌的幅度就很小。他们在2009年夏天就又恢复了增长——几乎比没有品牌的对手早了三年。如果你有一个大品牌，你恢复得更快，因此你的风险就更低。

唯狗忠诚

这种消费者的忠诚常被称作"品牌忠诚"。不过，当你对其进行分析时，便会发现忠诚是一件复杂的事情。它可能是一种态度或者一种行为问题，或者两者都有。有时，人们不仅在态度上，而且在行为上都是忠诚的：我必须承认，我不仅喜爱"苹果"产品，还在进行持续购买。在这种情况下，品牌专家常常讨论"品牌之爱"，甚至是"至爱品牌"——而且这类消费者是真正的"品牌粉丝"。不过，也存在各种限制。尽管我们中的一些人可能会对一两个品牌有近似于爱的感觉，但极少有人会在心中爱上一两种以上的品牌。品牌之爱总是特例，而非惯常。

随着消费者拥有越来越多的选择，并且对市场情况有了更好的资讯，他们就变得不那么忠诚了。现在，许多人在高档超市进行一些采购，而在折扣店进行另外一些采购：他们非常精明，不会忠于某一种品牌。在超市，购物者常常选择该店自有品牌的产品，而不是传统品牌产品。我们大部分人都携带一大叠各种商店和酒店的"积分卡"。我们并非真正忠于其中的任何一家，我们仅仅做出多重的、不完全的承诺。就像有人曾经悔恨地说道，"唯狗忠诚"。一份由安永会计师事务所管理顾问在2012年所做的研究表明，全世界只有40%的顾客是出于品牌忠诚而购买东西的，而在美国，这一比例只有25%。

"维特罗斯"是我最喜爱的超市，而且我总是向人们推荐它，但在实践中，我在所有的大型超市内购物。我在态度上忠诚，但在行为上并不忠诚。品牌专家拜伦·夏普认为，市场现状由像我这样的心态随意的消费者主导着。比如说，这些人可能觉得忠于"戴尔"，但实际上购买了"联想"或者"华硕"电脑。他称他们为

"忠诚转换者"。

在一些其他情况下,人们尽管不喜欢某种产品但却坚持用它。比如,开户后很难变更银行,因此,大多数顾客在行为上忠诚,但在态度上并非如此。我们使用相同的宽带,相同的浏览器,相同的搜索引擎,或许日复一日地使用相同的网上零售商,却并不喜欢他们。在这种情况下,顾客是"习惯性用户"。

因此,现今的品牌创建,理想目标是创造品牌粉丝,但要知道在大多数情况下,最好的结果就是忠诚转换者或者习惯性用户。不过这种不完全的忠诚依然是对品牌的复杂忠诚——而品牌创建仍然有助于降低丧失顾客的风险。

品牌创建的回报

20世纪80年代,大卫·艾克和凯文·莱恩·凯勒两位广告撰写人想更精确地描述品牌创建的强大效果。他们提出了"品牌资产价值"这个概念,指一个品牌对公司的价值——人们头脑中那些思想的价值。确切地说,一个产品的品牌资产价值就是它所创造的额外价值,这是相较于某个在人们头脑中不会产生联想或者联想极少的类似产品而言的。凯勒把它描述为"某种产品因过去投资该品牌的市场营销活动而积累的附加值"。因此,品牌创建的目标就是将品牌资产价值最大化。

比如,我可能会去一家药店购买一家名为"重视健康"的公司所生产的布洛芬,花去我35便士。"重视健康"对我来说没有什么意义:它是一个无名的生产商,并非一个品牌。货架上紧挨着它的是一种名叫"诺洛芬"的药品。它有同样的活性成分，但它同时还是"利杰时"公司所拥有的一个品牌。"诺洛芬"是通过多年的时间，花费几百万英镑才建立起来的品牌。而"诺洛芬"的售价是2英镑。这种价格差意味着"诺洛芬"的品牌资产价值——该品牌如此强大，以至于零售商能够每包多收费1.65英镑。

这是一个简单的案例，不过品牌资产价值常常更为复杂。对于廉价航空公司或者折扣超市来说，价格实际上更低："靛蓝航空"和"历德"的品牌资产价值并非价格溢价，而是更大的销售量或者更快速的增长。而且，资产价值并非总是可以用钱衡量的。一个品牌的资产价值或者说其相对优势可能会以寿命长度、发展速度，甚至社会影响力来衡量。

大卫·艾克将品牌资产价值分三个部分进行了分析：品牌意识、品牌联想和品牌忠诚。品牌意识是最基本的方面，即人们对该产品或公司机构的熟悉程度。品牌联想是指其他一切概念和感受——比如，能让人们联想到"宜家"的概念——正是这些能够让人们选择购买或者不购买，其中人们公认的产品质量也很重要。而品牌忠诚则是最高级的：人们忠于某种特定产品或某个公司机构的情感——忠诚度越高，公司花在市场营销上的钱就越少。

凯勒把这个思想又往前推进了一步，并把他的版本标注为"以顾客为基础的品牌资产价值"。凯勒一开始阐述了"卓越突出"。比如，对于"飒拉"（Zara）来说，这可能意味着"我听说过'飒拉'，而且当我想起时尚时，'飒拉'就在我脑中的置顶位置"。

接着他（凯勒）又谈论产品的意义，将其分为性能（"'飒拉'的衣服制作优良而且定价低"）和意象（"'飒拉'是西班牙品牌，正流行，快时尚，而且适合像我这样的人群"）。

再上升一个层次就是顾客的反应，分为判断（"它质量好，我更喜欢爱尔兰服装零售商店'普里马克'，我总是顺道去逛逛"）和情感（"'飒拉'让我感到兴奋，它让我看起来很好，让我自我感觉良好"）。并且在顶端位置的是共鸣反响（"我感觉自己忠于'飒拉'，我总是在那儿购物，我是一个'飒拉'拥趸"），这非常像艾克所说的品牌忠诚。

凯勒把这一切形象化地比喻成一个金字塔，"卓越突出"位于塔基，而"共鸣反响"则位于塔顶尖。这或许是品牌学者们最常用的图解，而且也常常被品牌拥有公司改编后使用。

品牌资产价值可能很坚挺，抑或很疲软。实际上，你还可能会拥有负面品牌资产价值。当某个品牌产品的售价低于没有品牌商标的产品或者低于那些采用自有商标的产品，或者根本就没有人购买它时，这种情况就会出现。1991年，杰拉德·拉特纳作为家族珠宝公司的首席执行官曾开玩笑说道，他商店里的耳环"比玛莎百货商店的对虾三明治还要便宜，不过保质期说不定还要更短"，但他的评论立即让拉特纳品牌陷入了负资产价值。

从内部打上品牌烙印

因此，品牌创建能创造品牌资产正价值（我们如此希望）。从短期和长期来看它对消费者都有吸引力。这非常明显。而且许多研究品牌创建的广告撰写人写到这里就停止不前了。他们探讨如何沿着一个"梯子"或者顺着一个"漏斗"，从品牌意识到偏爱再至忠诚，依次抓住消费者。

但是，品牌创建所产生的内部作用就不那么显眼了：它也对品牌背后的人（即员工）产生作用。在一个品牌公司，人们通常对他们为之努力工作的品牌有着强烈的意识。在一个像通用电气公司这样的场所，如前所述，该品牌正式广告标语是"梦想启动未来"，员工可能会思考要把他们的创造力带到工作中，他们可能认为他们喜欢这种创造精神，这种精神可追溯到通用公司的奠基人——托马斯·爱迪生。于是他们勤奋工作，以求发明创造。至少在理论上是如此。

品牌创建让优秀的新员工申请并加入到公司机构中来。品牌的魅力带来新员工，而且，尽管现实情况通常更为平庸和不完美，但品牌却支撑着他们继续干下去。一旦进入了内部，品牌就能够聚焦人们的努力，因此，他们工作更加勤奋。它能帮助人们感觉到更加团结，因而与同事合作，而不是与他们争斗。品牌创建能让人们感到更加积极，用管理学术语来说，更加"投入"——因此，实际上存在一套完整的品牌创建子集，叫作"雇主品牌创建"。带来的结果是，雇人无须那么费力，雇用过程中所犯错误更少，工人的生产率更高，无用的努力变少，内部冲突或者重复性工作减少。

而且品牌创建不仅能对员工产生作用，还会对那些帮助公司生产的其他人产生影响：例如银行和供应商。举例来说，一个强大的品牌会让你对银行更有吸引力，而且能够帮助你谈判获得更低的利率。而且它还可以让你从供应商那里获得尽可能优惠的价格，因为他们渴望与你的品牌联系在一起。

通过这些方法，品牌创建可以让公司机构更加高效——这意味着成本下降。

对于内部员工来说，品牌也具有一直延续到未来的各种影响。在一个像谷歌这样的公司，品牌鼓励人们不仅仅要做当前的工作，还要帮助创造明天的成功。它是你必须要做到的事。谷歌的品牌与组织世界信息有关，因此，它的观点，用埃里克·施密特的话来说，就是"大问题就是信息问题"。万事万物——教育、卫生健康、运输交通、金融、犯罪——都可以用数据来解决，因此，作为一个谷歌用户，你不断遇到挑战，要使用数据去解决一个新的大问题（因此也创造了一个大的新行业）。品牌创建也鼓励公司机构内部人员以许多不同的方式成长发展：至少可以与公司共存，学习新技能，开发新方法，创造新产品，扩展新市场。

所有这些都表明，良好的品牌创建有助员工最大化地利用公司的未来机会。

一种公司资产

因此，品牌创建在理性层面对我们的作用就是改变我们的思考方式；而更深层次的作用是在直觉和情感层面，改变我们的感受方式。它影响我们对产品的认识和判断；但它同时还影响我们的感受、知觉和记忆。它还以这些方式改变我们的行为方式——

既包括我们有意识的购买决定，又包含我们在超市里自动驾驶般的本能反应。

品牌创建不仅影响消费者的行为，也会影响员工的行为。而且这种影响结果不只是短暂现象，还是持续到未来的长期模式。

从短期来看，良好的品牌创建增加了收入且降低了成本，这就产生了利润。从长期来看，它将风险最小化、机会最大化，这就会带来长期的发展前景。利润与发展相结合，你便获得了商业价值。因此，品牌具有惊人的商业力量，所以，就像我们在第一章所看到的那样，对许多公司机构而言，他们的品牌就是他们最大的资产。

不过，还存在另外一个方面。非营利机构的目标总是瞄准另外一种不同的价值——社会价值，而非商业价值。许多公司现在将这两种价值都视为目标。按照商业价值的方式分析社会价值是可行的，从消费者和员工的角度出发，探求短期和长期的效果。我们将在第七章里探讨社会价值的概念。

成功的秘诀

因此，在最好的情况下，品牌创建会创造巨大的价值。不过，成功的品牌创建具体是什么样子的？一些如"强生"这样的品牌具有一种道德伦理影响力，让公司达到普遍很高的标准。一些品牌通过制造工艺占据领先，比如"戴森"或者"华为"（参见方框4）；其他的通过顾客服务，比如"诺德斯特龙"（Nordstrom）或"约翰-路易斯"。一些则通过认可度加分：比如，"万事达卡"

到处可见,且很显著。其他的,像"时代啤酒"——已有几乎700年的历史,只要更长久地维持下去即可。"帝怡咖啡"(Douwe Egberts)可追溯到1753年,"西雅衣家"(C&A)可追溯到1841年;而"李维斯"(Levi's)则可追溯到1850年。

当然,品牌也存在失败的案例。像安达信会计师事务所和《世界新闻报》这样的公司被指控行为不端,因此它们的品牌在人们的头脑中产生了污点,于是它们不再吸引客户。其他的品牌,如"黑莓"、"边界"(Borders)或者"伍尔沃斯"(Woolworth)让人感觉过时或者不再重要。一些像"百视达"(Blockbuster)、"柯达"和"宝丽来"这样的品牌在技术上已被超越。拥有好品牌的公司能够在犯下巨大错误后幸存下来。"泰诺"在1982年遭遇一场危机,当时芝加哥有七个人服用了后来证明含有氰化物的胶囊而死亡。但这个品牌如此强大,以至于仅过了六个月,销售额就恢复到正常水平。"胡佛"(Hoover)在1992年发起了一场灾难性的促销竞争,迫使其赠出价值五千万英镑的免费航班。公司被卖掉了,但这个品牌继续存在。而且,失败的品牌能够起死回生。时尚品牌"博柏利"用现代的方式彻底改造原先的设计原则,开创性地利用数字技术和社会媒体而恢复了其财富——而且,以这种巧妙的方式重塑了它的品牌。"诺基亚"这个品牌已经历了好几轮沉浮兴衰。"魔力斯奇那"(Moleskine)和"宝丽来"这两个品牌都在新业主手中复活再生。实际上,要借用另外一个持久品牌的名称,你可以认为品牌本身就像"特氟龙":坏消息似乎不会缠着它们很久。

华为可能是下一个全球大品牌，下一个"苹果"或者"三星"。这家庞大的中国电信制造商拥有十七万名员工，而且世界上三分之一的人口都在使用其产品（尽管美国有些人还对它持怀疑态度，把它看作一种安全风险）。华为那红色的标识现在已出现在品牌联盟世界前100家最有价值的品牌表上。但它不是一家巨型国有企业：创始人任正非与八万名员工共同拥有它，而且华为每六个月交替轮换其首席执行官。它并非一家在短期挣钱的公司：它规划未来十年的发展，而且公司一半的人都从事研发。公司非常重视其员工，即"华为人"：他们工作极其勤奋，但处于一种温和的自我批评的文化之中，任正非将之比喻为用枕头来击打同事。这种来自东方的新型大品牌，结果可能与西方的老品牌有着微妙的差异。

那么，成功的秘诀是什么呢？令人悲伤的是，不存在一道简明的公式，也没有一个打包票的方法。不过，基本常识以及我自己在品牌创建上的经验表明，有三个中心思想可循。

首先，成功的品牌创建会脱颖而出。大品牌与众不同。品牌背后的公司在做自己的事情，而不是去抄袭、复制他人。西南航空公司开创了廉价点对点航空旅行的先河。"乐高"玩具与其他玩具截然不同。没有其他制鞋公司能完全像汤姆斯（TOMS）

公司那样，每卖掉一双鞋就捐出一双鞋给贫困儿童。在线眼镜零售商"沃比帕克"（Warby Parker）也有类似的项目。相比仅满足现在的消费者需求，大的品牌创建趋向于引领市场："乔巴尼"（Chobani）酸奶、"特斯拉"电动车和"腾讯"都给人们带来了新东西。最佳的品牌创建是激进的，因而其思想也是宏大的。不过这些最伟大的品牌背后的公司未必就是新技术的发明者。就像"苹果"或者天空电视台（他们的诸多方式截然不同），他们是（新技术的）普及者。

这就引向了第二个中心思想：大品牌属于我们所有人。它要足够简单，这样才能得到广泛理解和分享，因而才能成为日常文化的一部分。实际上，它有时可能有助于引领和塑造这种文化。大品牌自然会落入那些如此行事的公司：它真实，富有人性，而不是企业化的或机械化的。它易于理解、分享，甚至加入。对于英国中产阶级来说，"约翰-路易斯"就是品牌创建的一个很好的案例，它易于让人喜欢，易于传播扩散。最好的品牌创建是社会性的，因此，其思想也是简单的。

而且要成为这样的社会财产，赢得世人信赖，成功的品牌创建还要言出必行。印度的"靛蓝航空"承诺准时，于是就做到了准时。相反，英国石油公司曾承诺要"超越石油"，却未能做到，这破坏了它的品牌。成功的公司知道如何动员其员工日复一日地履行其品牌承诺——这常常意味着要尽可能简单地履行承诺。最好的品牌创建是看得见摸得着的，而且其思想观点也是正确的。

对于上述三种理由来说，成功的品牌创建都要依赖坚强的领导。这要通过信念而不是共识来实现——这是一条通向简单的唯一途径。这有赖于实质内容：不仅仅是一个精致的标识，还要对整体顾客体验有一种深思熟虑的设计。而且，就像生活中其他任何事情一样，这也要看运气：在正确的地方、正确的时间使用正确的产品。

通过数字创建品牌

因此，品牌创建旨在创立品牌资产价值，并更广泛地创造商业和社会价值。如何衡量这一切呢？宽泛地说，你可以对以下三个方面进行衡量：人们的思考与感受方式，他们的行为方式，以及所创造的价值。

对人们头脑中思想和感情的衡量，传统上是通过调查和小组访谈方式进行的。大品牌拥有者自己进行市场研究，或者购买诸如扬罗必凯（Y&R）广告公司的"品牌资产标量"这样的数据库——该公司对数千名消费者和数千种品牌进行持续调查。许多研究使用一种非常简单的衡量方法，叫作"净推荐值"——询问人们打算推荐你的品牌的可能性有多大。最大分值为正100，最小分值为负100。像"苹果"这样拥有非常忠诚客户的品牌，通常会获得60分的分值。

对行为的衡量意味着要追溯诸如顾客数量、购买频次、重复购买率、总体销售额和市场份额等数据。最近，许多公司已开始衡量在线行为，如"脸书"的点赞和"推特"的转发。这些衡量方法要比品牌感知更为客观，但是更难解释：比如，要认定这个月有多少销量增长实际上是由品牌创建活动带来的，常常很难。

　　一些公司更进一步，试图衡量这些行为所创造的价值。它们的目的是根据品牌能够产生未来收益的能力，给它们的品牌赋予美元价值。每年，四大机构——英图博略（Interbrand）、"布朗兹"（BrandZ）全球品牌排行榜、英国品牌金融咨询公司和"福布斯"都会制定出各种品牌估价排名表。目前，最有价值的品牌毫无疑问就是那些技术品牌，比如"苹果"、"谷歌"、"微软"和"IBM"。这些品牌的价值出奇地高。比如，2016年，"布朗兹"全球品牌排行榜就把"谷歌"品牌估价为2 290亿美元，这已略等于葡萄牙的国民生产总值。不过，这并非一种精确的科学——四家不同的公司给出的估值差异也很大——因此你只有把品牌卖掉，才会真正准确地得知你的品牌价值（就像你房子的价值一样）。

品牌影响力的诸多方面

　　这些衡量措施集中品牌创建的外部和商业影响力。但就像我们已讨论过的那样，许多公司越来越多地关注品牌创建对员工的影响，以及对社会利益获取潜能的影响。因此，新的、更宽泛的衡量方法正在显现，比如哈瓦斯广告传媒集团开发的"有意义的品牌"指标索引。

　　正是这种多维度影响力能够解释当今世界为什么对品牌创建这么着迷。品牌创建改变我们思考、感受和行为的方式——既有短期的，又有长期的；既有机构内部的，又有机构外部的。而且它还创造商业和社会价值。

这是一项大工程，要产生这些效果须依赖整个人民大军。这支大军中的步兵就是被称作"品牌经理"的人。

第五章

品牌创建业务

　　1931 年 5 月 13 日，在一家大型消费品公司——宝洁公司内部，一位名叫尼尔·麦克罗伊的年轻市场营销经理写了一份备忘录，开创了整体品牌创建业务。麦克罗伊负责"佳美"香皂的广告营销，它的销售业绩没有宝洁公司其他品牌的香皂好，比如"象牙"香皂。因此，麦克罗伊建议每一个宝洁公司的品牌都应有一个他所说的"品牌负责人"。品牌负责人由一个专家团队辅助，采用市场研究、广告推销和包装设计等方式增加该产品的销售额。按照这种方式，每一个品牌都会得到它应有的关注。麦克罗伊的建议得到了采纳，于是诞生了"品牌经理制"。接着，麦克罗伊在宝洁公司的职务得到不断提高，而且最后令人感到奇怪的是，他变成了美国的国防部长。或者，这也没有什么好奇怪的。也许品牌经理的作用在本质上就是在商业大战中保卫他们的品牌。

　　麦克罗伊的备忘录创造出了一个全新的工作：品牌经理。而品牌经理在品牌创建业务中成了关键角色。他们几乎一直在公司市场营销部门内工作。在他们手下或者与他们一道工作的是负责其他所有市场营销活动的人：市场研究与分析、市场战略、市场营销沟通联络（包括广告、公关、社交媒体、出资赞助、媒体规划),以及产品开发。不过,现今的品牌创建远远不只是市场营销部门的事情,还要依赖市场营销团队以外的许多人,因此品牌经理能影响、协调并训练指导整个公司的其他同事。

有时,这些人企图通过尽可能多地收集数据,探知是什么触发了人们的行为,试验替代方式,以及运用各种有效的方法来科学地创建品牌。但是人类行为几乎无法准确地说明白。很难把品牌创建转换成一道公式,因此品牌创建也取决于创造性:依靠想象力、直觉、超越证据并创造新的东西出来。品牌创建业务部分是科学,部分是艺术——但最终来看,艺术成分更多一些。

并非总如看起来那般

在我们所了解以及所爱(或所恨)的品牌背后,是几百万家拥有这些品牌的公司:制造商、服务公司、媒体公司等,也就是这些品牌经理工作的地方。而且不仅仅是商业公司,还有其他类型的机构组织:非营利机构、学校、政府机构、博物馆、政党、城市、国家、名流界。

但在这些熟悉的名字之下,一切都与显现出来的不同。在各种消费品——品牌创建的发源地中,大多数品牌实际上都为更大的公司所拥有,比如雀巢公司、百事可乐公司和宝洁公司这样的大公司。例如,"德芙"和"本杰里"(Ben&Jerry's)属于联合利华公司。"品客"属于家乐氏公司。"伟嘉"属于玛氏公司。"吉百利"和"肯可"(Kenco)属于亿滋国际。"博朗"和"碧浪"属于宝洁公司。"挚纯饮料"(Innocent Drinks)90%的股权属于可口可乐公司。这些以及其他许多著名品牌的名称看起来就像掌握自身权利的公司，但它们实际上只不过是少数大企业的资产而已。

从另一个角度来看，一些品牌看起来像是属于单个大型公司，实际上却出几十个小公司在经营。它们在一个大品牌的保护伞下，通过特许权和许可证经营。就全世界的麦当劳餐厅来说，85%的餐厅实际上都由一家小公司进行特许经销。大多数大型连锁酒店都是由当地资产公司所拥有，它是根据许可证使用这个品牌名称。维珍集团似乎是一家公司，实际上是400个单独的公司。像维珍银河这样的少数公司完全为维珍集团所拥有。大多数都是维珍集团持有部分股权的公司。一些像维珍媒体这样的公司则是单独的公司，根据许可使用"维珍"这个名称。在会计师事务所巨头普华永道公司，159个全国性伙伴每一个都是一个单独的法律实体，通过一种法律安排获得许可使用"普华永道"这个品牌。

因此，我们日常所见的各种品牌的背后，都存在着一种不太明显但更为复杂的股份拥有模式。换言之，品牌本身就是能够买卖、租借的产品。

经营管理还是引领潮流

品牌经理的工作范畴和权力在不同公司有着很大的不同。在一家"企业对企业"的公司，或者一家非营利机构中，品牌创建或许是一种相对不重要的战术工具，因而，品牌经理通常位于公司层级的下端，只有一个小团队，权力很小。他们的作用仅限于联络交流管理或者对设计进行管控。

但在消费品公司、零售商，特别是奢侈品公司中，品牌创建对公司的成功至关重要。品牌创建被视为一种战略行动，涵盖了公司影响其客户的方方面面。品牌小组通常很庞大也很有权势，而且公司高层常就品牌进行讨论。

许多公司现在意识到，品牌创建不能再被仅仅看作市场营销部的一个子部门；实际上，应该反过来，市场营销是品牌创建的一个子部门。一些公司，比如美泰公司、麦当劳公司和宝洁公司都已创设了一个新岗位——首席品牌官，其职能涵盖传统的品牌创建以及其他一些职能，比如对品牌创建至关重要的创新和客服。

因而在一些公司，能处理所有这些工作的唯一岗位就是首席执行官。尤其是在那些认为品牌创建不仅影响外部消费者，在内部也有影响力的公司，许多首席执行官现在都把自己看作他们公司品牌（或各种品牌）的管家——在某种意义上说，自视为最大的品牌经理。

广告撰写人大卫·艾克区分了策略上的"品牌管理"和更为宽泛、更富战略性的概念"品牌领导力"。在他看来，品牌管理具有一种短期视角，着手在消费者心中创立可能最好的品牌形象。它的影响力可以（如果可以的话）用销售额和市场份额来衡量。品牌领导力具有一种更具战略性的视角，旨在将品牌资产价值最大化，同时协调保持一整套产品的发展，还要重视员工，并受驱于一个非常明确的宣言——公司想让其品牌代表的意义。你可以更进一步地认为，品牌管理就是维持世界原有的样子：这是一个自上而下、程序繁复的控制机制。相比而言，品牌领导力努力按照可能有的样子来塑造世界：这更是一种横向的、试验性、创造性工具。品牌管理聚焦单个产品；品牌领导力旨在采用品牌理念指导整个公司工作。

品牌引领与否

有多少公司按照这种方式进行品牌引领，采用一种学术界称之为"品牌定位"的方法？首席执行官们在这个问题上观点不同。"挚纯饮料"的创始人理查德·里德宣称，"品牌就是公司，公司就是品牌"。有时，就像"挚纯"一样，开启品牌引领的价值体系，是因为首席执行官具有市场营销背景；不过，就像许多欧洲大陆的公司那样，大多数公司在精神上常常更加理智。首席执行官们常常将品牌概念拔高，变成更加崇高的"目标企划"概念。

但是，其他人则把品牌看作其商业生涯中众多因素之一，并不把它看作驱动因素，而当作好的决策带来的结果。一些商业公司对品牌创建概念保持一定的距离。"戴森"喜欢说，这是一种制造工艺业务，而非市场营销行动。"瑞安航空"认为，这是对不切实际的创意太过积极。其他人则认为品牌创建的兴奋期已经过去。一直到最近，品牌对许多公司来说都还是最大的无形价值来源，但是现在有了其他竞争者，比如他们所持有的客户数据。

真实情况表明，实践中各不相同，各个公司持有不同的观点，且都已根深蒂固，甚至称得上是"信仰"。一些公司采用了品牌领导力——品牌身份被看作一种战略资产，不断地用于决策和塑造创新。其他公司则受商业目标或者实用目标驱动。一些公司则旗帜鲜明地管理其品牌，其他公司则依赖创造一种含蓄不明显的气氛。一些公司高层从上到下控制一切，其他公司则允许更多的自由。一些公司不留情面地强迫要一致统一；其他公司则欢迎变化和创新。

哲学家与教练

因此，公司机构可能由品牌引领，抑或由品牌辅助。品牌经理因而可能会是一个低职务人员，或者是一个高级市场营销人员，或者是一名新型的"首席品牌官"，甚至有时会是首席执行官。但是，不管他们的身份如何，他们的职责，即负责品牌管理，正在发生变化。

这种职责过去相对容易界定：撰写品牌战略，在品牌创建工作上取得一致，对每一个设计作品进行监督校正，并对品牌的绩效进行跟踪。但在许多公司，品牌创建的范围已不如二十年前那么泾渭分明。在某一阶段，长期的重大意义与目标企划对首席执行官来说至关重要，而在下一个阶段，这种压力就转变成短期成效，于是品牌创建只不过是一种销售工具而已。品牌经理因此要不断地占领高地，去提醒他们的首席执行官注意到投资品牌会获得的长期价值。他们要论证消费者以及员工头脑中价值、意义和理念的重要性。常常是品牌负责人要提醒公司领导们，在员工中树立目标、信心、信念和团结是多么至关重要。他们当前的关键词是"目标"，这个词对许多首席执行官来说比"品牌"更通用些。作为意义和目标的支持者以及很多关于"为什么"的问题的提出者,品牌经理几乎成了他们所在公司的哲学家。

与此同时,品牌经理的影响范围也在扩大。当品牌创建本质上是关于传递信息时,这项工作能够在品牌部门内完成。但是,顾客越来越多地相信行动而非口号:即整体客户体验,而非近期的广告活动。这就意味着要涉及其他许多部门的同事,包括产品设计、制作工艺和客户服务。正如我们已讨论的,许多公司热衷于在员工头脑中树立正确品牌意识,就像他们在员工的头脑中树立正确品牌意识那样。他们利用品牌创建改变员工的思考、感受和行为方式。他们常常制定出一整套员工的行为指导方针——即使关于在消费者看不到的会议上如何举止表现。

因此,品牌经理的任务变成了一种教育指导。在一些情况下,这意味着教授指导整个公司一起给客户提供尽可能最好的体验,为的是在消费者中树立起良好的品牌。在其他一些情况下,甚至更进一步,意味着还要在员工中树立起良好的品牌,让他们"践行品牌"。为了控制外联交流,品牌经理过去常常使用品牌手册和指导方针。现在他们更有可能讨论各种实用工具和在线学习。实际上,品牌经理已变成公司的教练——公司的老师和培训者,使用一系列教育媒介和实用的工具包。

科学家与创意总监

现今的品牌经理还要学会科学家的做法。这是因为首席执行官不断要求他们的市场营销人员提供"科学"数据来证明他们的预算是合理的——不再凭印象和直觉,而是凭证据和量化分析。品牌经理因此越来越关注一系列新科学。就像我们在第四章讨论过的那样，消费者脑科学现在还不太成熟，没有多少实用价值。有一种叫作计算美学的新兴学科，旨在仅通过衡量特征（线宽、曲线角度、色彩、亮度等）便能预测哪种设计最有效——不过要达到与人眼相同的效果还有很长的路要走。

但是，另外一种数据——常被描述为"大数据"——目前在品牌创建上起着一种重要作用。一家公司在市场中的大部分表现——沟通联络、销售以及产品或服务的交付，现在都通过网络进行，这就意味着表现可以追踪，且意味着会有数据产生。大数据能够告诉品牌经理哪一种线上活动获得最多的点击量，哪些推特转发最多，哪些折扣最有效，哪些销售渠道最高效，客户是哪些人，在什么地方，他们还喜欢其他什么东西，他们使用你的产品的情况如何，以及他们在"脸书"上如何谈论你的产品。

利用这样的数据，品牌经理的目标就是建立一个领先于人们不断变化的需求的品牌。比如，福特公司在"硅谷"的研发中心可以监控它的客户驾驶习惯。比如，通过分析人们在"谷歌"上的搜索内容，大数据能够帮助你识别新趋势和新需求。大数据能够帮助你获得定价权，帮助你试验新产品。当然，它还能够帮助你将联络目标锁定在适当的人群——比如，根据他们在邮件中所写的内容向他们展示广告。现在，这种个性化的品牌创建很普遍，而且易于做到，以至于品牌拥有者担心"惊怵因素"，即消费者逐渐感觉受到侵犯，这些品牌对他们的生活知道得太多——因此倾向于抵制这样做的公司。

因此，品牌创建人员正不断地成为数据科学家。实际上，在许多公司，市场营销部现在是最大的信息技术（IT）购买者。大数据的唯一问题是它很庞大——要想让它快速发挥作用，其量还远不够大。一份2013年IBM的研究表明，40%的公司依然还没有工具去理解所有这些数据。

而且实际上，品牌创建永远都依赖创造性。品牌创建现在前所未有地依靠创新：不断地提供下一种风味、最新的商店设计、最新的科技。那些不进行改变的品牌会消亡——换言之，公司必须不断更新人们头脑中对他们的看法。史蒂夫·乔布斯过去常常引用他最喜欢的鲍勃·迪伦的话："不忙于新生，必忙于死亡。"许多品牌经理因此重视激励公司不断地自我更新。他们推动快速试验，并且常常试图加快公司的生物钟。实际上，推动更新常常是品牌经理的职责——于是他们成了公司的创意总监。

因此，如今的品牌经理是集哲学家、教练、科学家和创意总监于一体的迷人集合。

引进专家

在少数公司中——"博柏利"就是个很好的例子，品牌经理在内部完成所有这些品牌创建的工作。而且有许多迹象表明，其他公司也正向这个方向发展：比如在像IBM这样的公司，设计也正被引入公司内部。不过，为了增加成功的机会，大多数品牌经理倚重外部机构——广告机构、设计顾问公司、公关公司等。一个机构为一家公司工作的时间常常会比任何一个品牌经理或者营销部主任的任职时间还长：这个机构变成了知识的源泉、品牌的管理者。

最初，品牌经理雇用广告机构和公关机构推广产品信息。广告业务可向前追溯到19世纪（比如，J.沃尔特·汤姆森广告公司成立日期可追溯到1864年），而公共关系业务则发端于20世纪初，我们在第三章介绍过，爱德华·伯奈斯是奠基者之一。

这些先驱们，工作在科学管理时代，常常把自己看作科学家。J.沃尔特·汤姆森建立了自己的"广告大学"，并与心理学家、行为学派奠基人约翰·B.沃森密切合作。曾经存在这样一个观点，无论人类的行为多么不理性，你都能够研究、理解然后控制人的行为。

根据这种科学精神，品牌经理感觉有必要更深入地了解他们的客户，于是市场研究业务就发展起来，以满足这种需求。其中的一位奠基人就是乔治·盖洛普，他在1935年开始了他的业务。多年来，他们开发了一系列方法——"定量分析"（调查）和"定性分析"（小组访谈）。最近，市场研究的重点是消费者所做之事，而不是他们声称要做的事，采取"民族志"方法（观察人们的行为）并分析他们购买行为的"大数据"。还有一些人既不讨论也不观察消费者：相反地，他们采用符号学方法分析消费者身边塑造他们生活的各种人为的文化现象——电影、音乐、设计。

购买创造性

与此同时，品牌经理引进了设计和品牌公司，以创造或更新他们的"品牌识别"或"界面外观"。最初，他们使用包装设计公司，接着，随着品牌创建由产品品牌创建扩展到公司品牌创建，他们与企业身份识别公司合作——成立于1941年的朗涛设计顾问公司，就是早期的公司之一。

到了20世纪60年代，这些设计公司与广告界新的"创造革命"的倡导者一道，使得天平由科学向艺术倾斜。品牌经理不再试图控制消费者的行为，而是通过图片设计、照片、图例、电影制作以及广告文案撰写方面的想象力来刺激消费者的行为。

这些广告、公关、市场研究和设计机构在21世纪前主导了市场，而21世纪的数字革命改变了一切。品牌经理不得不迅速掌握数字世界，于是许多不同种类的"数字机构"出现了，从专注在线广告的广告机构——如雅酷（AKQA）广告公司、理查德/格林伯格广告代理公司（R/GA）以及麒灵广告公司，到各种"搜索引擎市场营销"公司——帮助确保人们在"谷歌"上搜索时能找到你。

与此同时，品牌经理需要设计的不仅仅是他们的品牌身份识别。为了塑造好客户对他们品牌的看法，他们不得不切切实实地了解整体客户体验，尤其是在线体验。产品设计公司"艾迪欧"进入了这一领域，像"现场工作"（Livework）和"万无一失"（Foolproof）这样的专业服务设计公司加盟其中。"体验设计"在品牌创建业界已成为最热门的流行语。

与此同时，越来越持怀疑态度的消费者对销售辞令不再那么感兴趣了，而是通过企业博客、社交媒体和杂志来关注更宽泛的

"内容"，于是出现了创作此类材料的"内容营销"机构——比如说红杉（Redwood）公司和雪松公司（Cedar）（奇怪的是，两者都以树木命名）。

曾经非常简单的媒体（电视、广播、报纸新闻、海报）在数字世界都变得非常复杂，于是"媒体机构"（从前广告公司内最不令人激动兴奋的部门）已变得与其身份相符，庞大而有权势。像"传立"媒体和"浩腾"媒体这样的专业媒体公司完全知道把你的内容在恰当的时间通过恰当的渠道，以可能最佳的价格推送给恰当的人。科学家们又回来了。

四大广告传媒公司

这种力量让广告传媒机构的数量倍增，但与此同时，各种机构也进行了合并。就像世界上的大型消费者品牌已合并成像宝洁和联合利华这样的大公司，传媒公司也开始合并成足够大的公司，以适合其发展。四大传媒集团——埃培智集团、奥姆尼康集团、阳狮集团以及WPP传媒集团，现在主导着广告传媒领域。

其中最大也最有名的就是WPP集团，是由英国企业家马丁·索罗从零开始建立的。WPP代表"电线和塑料产品"：其最初业务是生产购物车。索罗在1985年购买了该公司，把它作为建立一个市场营销公司帝国的一个平台。在短短几年内，他收购了两大广告巨头J.沃尔特·汤姆森公司和奥美公司，该集团目前拥有十二万名员工。它旗下有像"J.沃尔特·汤姆森"和"奥美"这样的广告公司，还有像"扬特品牌联盟"和"朗涛"这样的品牌公司，以及市场研究公司"凯度"、数字公司"雅酷"以及媒体公司"群邑媒介集团"。

正当索罗在伦敦塑造发展WPP的时候，三家美国广告公司合并组成了另外一个叫作"奥姆尼康"的巨头，现在是WPP的最大竞争对手。奥姆尼康旗下有三家大型广告公司，全部以平淡无奇的首字母缩写作为公司名：恒美广告公司（DDB）、天联广告公司（BBDO）以及腾迈广告公司（TBWA）。多年来，该集团还收购了几家品牌公司（比如英图博略和沃尔夫·奥林斯品牌咨询管理公司）、市场研究专业公司"火烈鸟"、内容公司"红杉"、媒体公司"浩腾"以及许多其他公司：现在约有七万人为奥姆尼康公司工作。

WPP公司和奥姆尼康有两个稍微小一点的竞争者。法国的阳狮集团大约有六万名员工，旗下有百比赫广告公司和萨奇广告公司。埃培智集团也是美国的公司，拥有五万名员工：它旗下最有名的公司为麦肯世界集团和未来品牌公司。

一般来说，客户与这些集团内的单个公司互动，而不是与集团总公司互动。这些集团需要保持其成员公司的独立个性，以吸引富有创造性的人，同时将客户冲突最小化。不过，WPP常常把子公司召集起来，联合给像沃达丰公司这样的大客户服务。奥姆尼康公司有一个叫作"尼桑车队"的联合体，给其最大的一个客户服务。行业的趋势可能是走向更加密切的合作。

除了大集团外，还有成千上万的独立公司，每年都有许多新成立的公司。同时也伴随着许多公司的联合与解体。

公司内的芸芸众生

在大多数这样的公司内，最显眼的人就是客户经理，有时也被称作"客服"。他们的职责就是在客户和公司之间建立尽可能最好的工作关系，满足客户的需求，并让客户满意。除此之外，他们还得让公司自己的团队满意，并且要确保他们的工作及时完成且符合预算。设计公司和品牌公司可能不是那么重视这种关系，而是更加注重工作，这些人可能被称为项目经理（参见图5）。

除了客户经理还有顾问，有时又被称作战略师或策划师。他们的工作就是确保公司品牌创建建议能够达成客户的商业目标。他们要使用商业语言（至少在一定程度上是如此），还要使用幻灯片软件和Excel表格处理软件。一些人会聚焦客户的公

图5　在品牌公司内部：广告创意是客户和顾问在创造性会议中联合提出来的，就像沃尔夫·奥林斯品牌顾问公司召开的这种研讨会

司，推动举办各种研讨会，让公司内部员工塑造其品牌。其他人可能对客户更感兴趣，他们可能委托进行市场研究，或者亲自进行小组访谈。还有一些人可能是数字人员，数据分析专家或者品牌估值专家，我们已在第四章讨论过了。他们会把项目期间涌现的所有想法组织起来，理解其中意义，并企图发现新思想、新观点和新机会。

任何创造性公司的核心就是这些"展现创新精神的人"或者说设计师们：他们制作广告、创造出包装方案、设计商标，甚至详细说明整体用户体验。大多数人具有艺术学校或设计学校教育背景。许多人会专攻设计的视觉方面；其他人则专攻文字方面，因而可能会以广告撰写人的身份而闻名。对所有这些人来说，目标就是从概念到形式、从理性到情感、从逻辑系统2思维到直觉系统1思维实现创造性飞跃，以便让他们客户的品牌得到突出，受到注意，被记住，并能改变人们的思考、感受和行为方式。

许多公司现在还有第四类人：技术专家。在一个社会中，若对一个品牌的主要体验（有时是唯一的体验）是通过一部手机或计算机来实现时，技术专家就有一种双重职责。他们要帮助人们创设互动体验（使用轻敲、滑动、注音或者点击）。而且他们还负责帮助同事和客户理解技术如何不断改变那些可能事项。他们是技术能够带来各种可能性的倡导者。

在一些公司，工作从一个部门到另外一个部门依次进行，但更多情况下，人们把工作混合在一起，每一件事情都以一种尽量交叉进行的方式完成。公司倾向于以一种非正式、没有层级关系的方式运作（至少表面上如此），但总有一个人负责。在一些公司，客户经理指导安排一切事务；在另一些公司，创造性最重要，因此，运行项目的恰恰是设计师；在少数其他公司，起引领作用的则是商业思维（因此由战略师引领）。

尽管大多数公司提供很多服务，但他们都有一种特定的传统，一个自己擅长的主场。比如，一些公司来源于产品品牌，包装是他们的原始技能，因而可能鲜明的商业重点放在产品销售上。其他公司则来源于企业和服务品牌，因而他们最初的工艺是商标设计。因此，这些公司有时并不那么在意短期销售额，更加关注长期的事物，如身份识别、精神气质和目标追求。

当然，品牌创建是一个时尚行业。要让客户持续感兴趣，要有实质意义，要促进新行业发展，要吸引最优秀的新员工，要让自己不断保持警惕，大多数公司要频繁地改变所讲述的故事或者所提出的命题主张。也有些例外情况，比如，"思睿高"品牌战略咨询公司一直谈论"简明"——但矛盾的是，许多公司善于管理客户品牌，却不擅长自己的品牌管理。

超越市场营销

四大广告传媒公司基本上都是市场营销服务公司，但就像我们已讨论的那样，品牌创建现在涉及的不只是市场营销。因此，像麦肯锡公司或波士顿咨询公司这样的全球管理咨询公司，也给客户提供品牌创建建议。它们已超越自己传统上以数字引领的硬方法，转入更加柔和的品牌创建艺术领域。

比如，波士顿咨询公司收购了一家叫作"灯塔"的专业咨询公司，以增强其为客户界定企业"目标追求"的建议能力。又比如安永咨询公司收购了服务设计公司"塞伦"，因为它知道成功的品牌创建越来越多地依靠客户体验的各种细节。

与此同时，品牌创建咨询正转向战略领域，为客户提供各种与分析相对的创造性方法，以塑造他们未来的成功。

新期望

因此，品牌创建要靠公司和广告机构有效合作。当双方对项目有共同的抱负，对问题有着深刻理解并相互信任时，才能出现最佳效果。

但是也可能存在许多裂隙——尤其是当新期望无法匹配旧的设想时。最近的研究表明，客户现在希望与广告机构按照完全不同于20世纪的方法进行合作。

现今的品牌创建很复杂，因而许多公司喜欢把这个问题拆解成几块，每个部分都由一个专业机构来解决。不过，传统广告公司想处于引领位置，居于首位，成为"代理商"，在某种程度上控制其他公司的工作。相反地，他们不得不适应这种情况：他们只是诸多代理商中的一个。"谷歌"新品牌标识在2015年由公司内部设计，不过"谷歌"旗下的许多子公司可能都间接地提出了观点建议。越来越多的咨询公司需要把自己看作是贡献者，而不是创造者。

正如我们已讨论的那样，品牌创建现在既依靠创造力，又依赖数据。广告公司过去常常重视创造力高于一切；品牌经理现在不再这样做了。这就是为何媒体公司近年来变得更加强大的原因之一。品牌公司需要拥有定性分析的想象力，也要能够非常出色地获得定量分析证据。

因此，品牌创建不再仅仅是外联沟通的问题。消费者不相信你所说的话，而相信你所做的事。因此，重要的是整体客户体验的质量——而且现在这是品牌创建的重中之重。在2015年的一份调查中，一位品牌客户表示："许多公司机构在很大程度上落后了。现在全都是把客户放在第一位，并在技术和创新驱动下设计无缝体验。"

市场营销及其他

在许多方面，品牌创建是一个奇特的行业。它起源于充满创造力的市场营销和设计领域，但已发展超越这两个领域，而且现在要处理战略问题和数据。它过去强调一种销售"主张"，但现在执着于更深层次的企业"目标"。这是想象力与商业贸易、哲学思想与实用主义、直觉和证据之间的碰撞，是艺术与科学之间持续不断的拉力赛。

进行品牌创建工作的人要不断应对各种压力。我们要努力改变整个公司，还是把重点先放在市场营销上？我们追求实现公司内部的抱负，还是满足外部客户的需求？我们遵循我们的信念（鼓励我们大胆前行），还是调查研究（这常常迫使我们变得保守）？我们要追求长远，还是相信现在无法预测几周后的事情？

对于我们所做的工作，我们只创立一种组织思想，还是平行地推出许多小一点的概念？这些是你在每个品牌创建项目上都会发现的一些难题（参见方框5）。

方框5 "无印良品"：无品牌

"无印良品"是一个全球零售商品牌，但它的字面意思意为"无品牌"。1980年由日本零售商"西友"创建的"无印良品"，现在在全球拥有650家商店，每年销售大约20亿英镑的家用品和衣物。用它自己的话说，"作为现今消费社会的一个对立面"而成立的"无印良品"，目标是用自然原料制作简单、实用的产品，以"在生活和那些让生活成为可能的事物之间保持一种理想的、恰当的平衡"。尽管理念崇高，"无印良品"在其产品、商店设计和外联沟通上却都十分朴实低调，而公司的重要人物田中一光就是以谦卑著称。"无印良品"是一种让人着迷而又自相矛盾的品牌创建法则的一个先行者：对许多消费者来说，你表现得越不像彰显自我的传统品牌，并且越显得抵制品牌创建本身，你的品牌就越具有吸引力。无品牌即大品牌。

第六章

品牌创建计划

2014年2月，一位名叫肯尼·雅各布斯的爱尔兰市场营销专家加入了廉价航空瑞安航空公司，担任公司首席市场营销官。在三十年里，瑞安航空以低票价、最低限度的服务和一种积极进取的态度成为欧洲最大的航空公司，每年运送八千万名旅客。"瑞安"并没有进行传统的品牌创建——它似乎都不关心客户体验，也不介意其形象和设计，但它已成为一个巨大的品牌。"瑞安"几乎全球闻名，但几乎全球人都不喜欢它，这带来一种可能会毁掉许多其他品牌的严重压力（参见图6）。

雅各布斯的任务是改变现状。他承诺要更多地倾听客户，推出了一项名为"一直向好"的计划。瑞安航空的票价会保持低廉，但网址和应用程序的用户界面会变得更友好，服务水平会提升，并且会在每天更好的时间段飞往交通更便利的机场。这家航空公司会启用一个新的标语，承诺价格优惠之外的东西："低票价。简单化。"雅各布斯说，这个计划"令人难以置信地带来了快速变化"，给瑞安航空公司的"客座率"（飞机满员程度）带来了6%的显著增长，并且获评为"我一生中最好的一次飞行"。

这曾是一种快速有效的品牌重塑计划。雅各布斯重塑了瑞

图6 有效的品牌重塑：用这句标语来总结的话，瑞安航空的计划就是在顾客服务方面取得许多重大改进——因而带来航空公司利润的提高

安航空公司的所做、所言，以及（一点点的）外在形象，为的是改变人们头脑中的观点。而且他是按照典型的瑞安公司方式完成了这一点。"我们只不过是继续之前的工作，"他汇报道，"没有废话，也没有咨询顾问。我们的确有一项品牌战略，但是我们并不过于自我沉溺。我只是把品牌写到一页纸上，然后递交给首席执行官而已。"品牌重建目标在某种程度上非常适度："我并没有'品牌热爱'的自负。我们拥有一个功能性品牌，提供功能性产品——我们不是一个像'维珍'那样的高端品牌公司。"而且他更感兴趣的是估量现实上的变化而非形象上的变化："我们跟踪的

是对'瑞安'的体验,而非'瑞安'这个牌子。"

对于一家拥有雄心壮志的航空公司来说,这种品牌创建计划再务实不过了。这就是瑞安航空自己真实的品牌创建方式。因此,最好而最持久的品牌创建活动是诚实坦率的。它一开始是关于一个产品或一种服务,或一家公司的内部忠诚,然后把它变成外部的忠诚。它滋长着消费者头脑中这种观点。就像所有的滋长一样,这是一种持续不断的日常性工作,并不是一件一劳永逸的事情——因此,品牌创建要不断更新这些观点,而且有时要鼓励进行更加深刻的反思。对于一些公司来说,品牌创建是一种重要的哲学,一种存在方式。对其他公司来说,它只不过是众多工具中的一种。但对所有的公司来说,赝品总是昙花一现,而正品则持久不衰。

继续之前的工作即可

瑞安航空的例子很好地说明了当前的品牌实践。品牌经理越来越多地把目标放在倾听客户上,甚至让他们参与品牌创建项目中。似乎每家公司都追求"以客户为中心"。品牌创建现在依然受企业自己的日程驱动,但这些优先事项需根据客户所说的想法而进行调整。

品牌创建计划的发展趋势是快捷,意图在几周内而不是几年后产生结果。有时,目标非常远大豪迈——要改变这个行业,或者甚至要改变世界——不过他们的精神更为谦虚和务实。就像雅各布斯所说的那样,"我们只不过是继续之前的工作而已"。在许多行业，一线人员感觉品牌创建一直在不断变化，因此品牌经理们不得不动作迅速：可能没有时间在每一件事情上取得完美。尽管一个项目可能快速完结，但品牌创建任务永无止境，因此，每一个品牌创建计划都只不过是一项伟大征程的一部分而已。

现在的品牌创建计划很少是线性的。曾经，各种计划都是按照一种逻辑方式经过一系列步骤进行的：先研究，然后制定战略，接着设计，然后执行。现今，商业时间期限要求在制定战略的同时执行计划。在任何情况下，品牌创建都是一项创造性工作，而创造性很少与线性计划完全一致。最佳的工作常常是通过快速原型技术开始的——不断地开发、测试和改进概念，而不是传统的分阶段进行的方式。

二十年前，如果公司使用外部顾问，他们会在这些阶段工作，每一步都要展示其工作成果，让客户签字认可。现在，这项工作有更多的互动，因此公司和他们的顾问们一起合作研究提出各种思想观念。广告公司在研讨会上而非介绍会上与客户会面。部分程度上是因为，这是把客户的一手知识带进计划之中的最好方式；部分原因是它有助于公司接受新思想。广告公司激发、唤起、概括思想，并把它形象化，而不是成为思想的创作者。

一直向好

非常重要的是，现在的品牌创建计划更加重视公司所为，而不是它的外在形象或者它所说的话。瑞安航空在这个计划中并没有改变其标语或者颜色，而是改变了它的航线、时刻表以及网上订票系统。品牌是通过顾客线上线下体验的最细微的细节建立的。雅各布斯对此进行持续而精确的估量："我们跟踪瑞安航空的体验。"

为了获得这些改变，雅各布斯创造了"一直向好"这个标语。这个标语并非针对瑞安公司的客户，而是它的员工。品牌创建计划现在几乎都是从公司内部开始的，因为要让客户体验实际得到改善，你必须鼓励同事们改变他们做事的方式。现今的品牌创建计划首要的目标就是改变员工的思考、感受和行为方式。

因此，品牌创建计划现在越来越多以客户为导向，快捷、务实并且聚焦员工。它们关乎行为而非言辞，关乎行动表现而非哲学理念。不过它们依然依赖于有影响力的概念。几乎所有品牌创建计划都是从创造一些概念开始的，这些概念将成为其他一切事情的标准。"我只不过是在一页纸上写下这个品牌而已。"雅各布斯这样汇报道。不过，尽管他很谦虚，这对瑞安航空来说却是非常重要的一页纸：这是对公司想要代表的意义所做的一个定义。

因此，如果这是品牌创建计划的整体风格，他们的具体目标是什么？他们如何着手开展呢？

有意而为

正如我们所讨论的，品牌创建常常从内部开始，因而许多品牌创建计划并不旨在吸引客户，而是意图激励公司的员工。如果一个公司的行动表现慢了下来，或者说其竞争对手加速发展，那么公司就可用品牌创建方法来激励自己的人。一次改组或一次公司收购（或者一系列公司收购）可能让公司分裂，从而让人们惊讶于这个问题——"我们是谁？"一个品牌创建计划能够帮助创造一种新的身份感。

许多公司过去多在谈论他们的"愿景"（他们工作想达到的未来状态）或者他们的"使命"（他们的企业目标），但在当今来看，这些思想似乎都是自我服务型的。亚马逊公司的"愿景"就是要成为"世界上最能以客户为中心的公司"。日本挖土设备公司小松集团有着非常有名的使命，就是"打败美国卡特彼勒公司"。不过现今的工人们一般想给更大的世界带来不同，而不仅仅是在一场企业竞争中获胜，因此，目标陈述就要试图回答更有价值的问题——"我们为何存在？"

这是最本质的问题，像这样的计划通常由首席执行官启动——但是计划常常由公司资历最高的品牌专家来运作。在这一点上，品牌创建很明显超越了市场营销的范围，而且实际上，像这样的计划通常渗透到战略领域：若不同时思考我们在做什么、处于什么位置，就很难明白我们为什么存在。

瑞安航空极少去担心这样的哲学问题，但许多公司认为一个明确的答案会带来一系列的好处。除了激励现有的员工外，一个让人兴奋不已的目标能够吸引最优秀的新人才。它能够指导并加快整个公司的决策过程。而且对一些公司来说，它还可以吸引外部投资。

大多数公司认为这种价值不仅仅体现在计划的结果里，而且还体现在过程之中。他们常常让他们的高层经理甚至整个公司参与拟定一个（企业）目标。这可能复杂而耗时，但它可以让人们感到自己有价值、受到信任和有影响力。而且"群众的智慧"常常要胜过首席执行官一个人的智慧。

这些计划复杂棘手。涉及很多人就会导致一种折中，而不是决断：打了折扣的目标不会冒犯任何人，但也不会让任何人兴奋。另一个极端是，你最终可能提出一个过于宏大的目标，很难付诸实践。最好的目标陈述既要激进（它们意在改变世界），又要可行（它们是可信的、实用的）和有用（它们足够具体，能够指导日常决策）。"乐购"超市（Tesco）最近改变了其目标，由"一起来把重要的事情变得更好"（说教、唠叨而又含糊不清）变为更为实际的陈述"服务英国购物者，每天进步一点点"。

代表何物

肯尼·雅各布斯在一页纸上迅速写下了瑞安航空的品牌（理念），但许多公司在"品牌战略"上投入大量的时间和精力。像这样的品牌创建计划旨在界定产品或公司想在人们头脑中所代表的意义，以及如何实现这一点。有时这也被称作品牌"定位"。

定位常常可以通过广告界的两个概念明确下来：主张和个性。主张阐述了客户花钱所得到的东西——比如，"宜家"的主张是"提升生活品质的实惠解决方案"。这是品牌创建更为理性的一面。另一方面，个性则更富有感情：它详细说明了产品或公司应给人们的感觉如何。当手机品牌"橘子"（Orange）首次发布时，它把其个性描述为"一个七岁儿童眼中的世界"，充满好奇和乐观,不带任何焦虑和愤世嫉俗。

品牌战略计划几乎总是受市场调查研究指导,研究客户——他们的生活、需求和欲望。就像肯尼·雅各布斯所说的那样,聆听非常重要。而且品牌经理越来越不把消费者看作一个团体或者许多"部分",而是众多个体的集合,他们的世界观不容易统一,这就使得提出一个单一的主张更加困难。

一个或多个

品牌战略计划常常要研究另外一个复杂的问题,也是以英文字母P开头的:组合(portfolio)。大多数大公司都运营着一个以上的品牌。为追求发展,它们购买或者创立新品牌以吸引新市场,因此它们最后就有了一组品牌——常常很复杂且难以管理。

这种战略选择的吸引力很快就体现出来了。我们要简化我们的品牌组合,减少品牌数量吗?这一选择能够帮助公司把精力集中在高度发展的活动上。我们要不要更进一步,把我们的各种品牌联系起来,就像维珍公司通过"维珍"这个牌子而把各品牌联系起来?或者我们是否像"宜家"那样把一切东西都统一到一个牌子下面?这会鼓励员工更多地合作,而不是为了各自的品牌而争斗。而且它可以让市场营销更为有效:创建一个品牌要比创建一百个便宜得多。这种方法有时也被称作"单一品牌":一家公司拥有一个品牌。

不过,同时保有很多品牌也有好处,每一个品牌在客户看来就像一个独立的公司。如果一个品牌遇到了问题,其他的品牌不会受到影响。而且如果你的客户生活在许多不同的文化之中，生活中的目标有诸多不同，那么你通过扩大品牌赌注便可获得更多客户。这就是"多品牌组合"模式，宝洁公司就是很好的例证。

当今的商业交易很复杂，因此要求简单化的渴望常常驱使公司采用"单一品牌"模式。但同样重要的是，现在的消费者并非标准一致，因此他们不断变化的需求就很难预测：这些需求迫使公司趋向于采取"多品牌组合"模式。这或许毫不奇怪：公司很少满足于一个极端或者另一个极端。许多公司处于动态之中，进行统一或分化。其他的公司则采取混合方式。比如，可口可乐公司有像"芬达"这样显然是独立的品牌，也有像"达萨尼"（Dasani）这样获得可口可乐商标的附属品牌。而且它的四款主要产品——"可口可乐"、"健怡可口可乐"、"零度可口可乐"和"生命可口可乐"——看起来更像一个牌子的不同口味。

除了亚品牌和产品名称外，一些公司还采用特殊类型的品牌。这些品牌以成分要素为名称，传递了一种特别的技能或技术。比如，松下公司使用"莱美"（Lumix）这个品牌名来体现出色的摄影效果。英国广播公司拥有一系列频道品牌，从"BBC-1套"到"BBC广播4套"。许多零售商有"自有商标"或"专用商标"品牌，用于那些专门为其生产的产品。其他零售商则创立了似乎独立的品牌，经过精心设计，看起来就像大家熟悉的大品牌或者甚至就像小的工艺品牌，比如像"大洋"（Ocean Sea）或"花楸山烘焙"（Rowan Hill Bakery）这样的品牌名称。折扣超市"奥乐齐"和"历德"在这方面都很有名气。

品牌团队还把目光转向公司之外——我们还想与其他哪些品牌建立联系？公司采用"代言"的方式给他们的品牌增值——比如，一些"欧莱雅"产品由歌手谢丽尔·科尔为其代言。他们采用赞助的方式影响新的顾客：阿联酋航空通过赞助阿森纳球队而在英国消费者中非常出名。他们采用联盟的方式扩大影响力。泰国航空通过加盟"星空联盟"，能够执飞更多航线，提供更多候机室。而且他们常常通过与竞争对手合资的方式开辟新市场：英国保险公司"英杰华"通过与当地保险公司"萨班哲"合作组成"英杰华-萨班哲"而进入土耳其保险业市场。

恰到好处地对待产品地位

这些界定目标、主张、个性或者组合的品牌创建项目主要产出的是各种文本、战略、计划。但就如我们前文所言，重点越来越多地放在行为上。像瑞安航空这样的品牌创建计划一开始就"提供某种东西"——顾客得到的产品或服务。这是收入或利润获得快速增加的最佳方式。亚马逊公司的创始人杰夫·贝索斯这样说道，"在以前的世界，你投入30%的时间创建一项了不起的服务，70%的时间用来宣传。在新世界，这正好颠倒了过来"。

在改善已存在的事物与引进新事物之间始终存在一个平衡问题。改善你的品牌最快捷的方式——提升消费者头脑中的观念，常常就是要找出他们对你当前提供的产品最不喜欢的地方，然后解决这些问题。这就是瑞安航空开始下手之处——通过把机场转换到离城市中心更近的地方，让网上购票程序不再那么烦琐费劲。

品牌经理同时还关注定价和分销。价格下调能够使得你的产品更易获得，因而让你的品牌进入更多人的脑海之中。但是提高价格能够提高人们对其品质的意识，矛盾的是，这会使其更有价值。调整定价策略——实际上一点也没改变产品——能够给人们头脑中的品牌产生巨大影响。而分销也有类似效果：你是想让（产品）看起来哪里都有，或许成为一种日常购买的商品，还是作为一种稀缺的，得努力追踪才能购买到的东西？

不过大多数品牌经理还热衷于创新——主要是为了让他们的品牌在人们头脑中保持新鲜感。一些人采用了一种叫作"品牌驱动创新"的方法。他们使用他们想要代表的观念去鼓舞激发新的产品概念，并过滤掉不利品牌创建的观点。比如，维珍公司想让其品牌代表"打破习俗惯例"，因此，当维珍大西洋航空公司设计了一种新的"高级舱"，公司的人就自问道："我们能打破什么样根深蒂固的惯例，从而更好地服务用户？"而且，现在让客户参与"共同创造"新产品已非常普遍了——如"乐高机器人"系列，即人们可用来制作程序机器人的工具包，就是一个用户创造新产品的成功案例。

根据你的体验

现在最时髦的品牌创建格言警句或许就是"体验设计"。这个概念要比仅仅解决问题或者调整价格或配销的意义更深，甚至要比引进新产品的意义还深刻。相反，品牌经理的目标是要将客户体验的一切联系在一起,形成一段无缝的体验之旅。现在对几乎所有行业来说,这都意味着要将线上发生的事情与线下发生的事情统一起来——这不是一件容易的工作。通过给客户提供一种无缝而与众不同的体验,这类项目就会在人们的头脑中产生一个更加深刻的印象,并在理想状态下带来一种更加深厚、更加长久的公司与消费者之间的关系。

像这样的品牌创建计划常常应用原创技术,用于设计线上用户界面。他们界定了"人物角色"——想象中特定客户的典型,于是设计工作就是通过这些人物的眼睛完成的。他们绘制了这些人物所走的"客户之旅"图,从首次遇见产品或者公司,接着使用产品,然后推荐给其他人。然后他们界定"体验原则",时时刻刻地指导着他们要做出的设计决策。

当然,体验是随着时间的推移而产生的,因此通过旅程甚至是故事的比喻来设计客户体验是很自然的。为了创建它的品牌,爱彼迎公司以迪士尼风格的电影情节串联图板的形式,一步一步地详细描述了理想的客户体验。

广告的消亡?

改善产品或整体客户体验,常常是品牌创建项目的开始之处。但是世界需要了解这一伟大的新产品,因此营销传播——品牌创建的根本,依然至关重要。

为了让他们的形象或存在产生影响,让他们的广告词传遍世界,公司调动了整个媒体。最明显的,当然是各种形式的广告：品牌创建的传统阵地。尽管印刷广告处于急剧下滑状态，但线上已成为广告的前沿阵地，要使用复杂的技术，比如程序广告（其中要购买广告空间的是软件而不是人）。而且大家都熟悉的电视广告依然是影响力极大的方式，它将各种概念和情感与产品联系起来。

广告有时被看作"付费媒体"，而且它是最昂贵的沟通联络形式。最便宜的方式被称作"自有媒体"——你的网站、你商店的展示柜、你的介绍，所有一切都完全在你的控制之下。还有一种"口碑媒体"——博客、社交媒体、电视和报纸上的报道。这几乎无法控制，但它如果以有利于你的方式产生作用，那么它或许就是最有成效的沟通联络形式——因为消费者越来越多地不相信你所说的话，而是其他人对你的评价。

实际上，因为人们变得非常擅长破解并低估、轻视传统的销售信息，所以许多公司大力投资"内容营销"。与销售鼓吹不同，他们创作并分享与消费者关注之物有关的实用内容。比如，帮宝适公司已成为婴儿护理指导的发起者。只要有可能，他们就会致力于制作人们想通过社交媒体相互分享的材料，因为人们对相互间听闻之事要比对从公司那听到的事情响应更加热烈。实际上，"红牛"现在似乎在制作内容和制作软饮料上所投入的精力一样多。多年来，贝纳通集团通过在其杂志《色彩》中富有煽动性的报道来创建品牌。运动相机公司（GoPro）通过在"油管"上播放的电影片段塑造其品牌，而不是通过传统广告。其他公司则把创建品牌化空间作为一种讲述方式，这能比广告讲述更加细腻的故事——就像在加利福尼亚和伦敦的"范斯"(Vans)极限滑板场或者伦敦牛津大街上的"特斯拉"店和"戴森"店一样。

这一切目前都存在争议。有些人认为，内容营销是正确的策略，尤其是作为与现有消费者加深关系的一种方式。其他人认为这是一种浪费资源的投资：在一个不忠诚、态度随意的消费者群体中，你需要不断吸引新的消费者来取代那些离开你的人，而最佳的方法依然是传统广告。品牌专家拜伦·夏普以大量数据作为证据证明：你需要让新客户注意到你，而不是与老客户成为朋友。

在这些场景的背后，另外一种沟通联络在品牌创建上至关重要。"利益相关者管理"的任务就是不断让最有影响的个体站在你这一边——政客、政策制定者和监管机构。比如，像"壳牌"这样的石油公司的健康发展更多地依赖该品牌在上述群体心中的地位，而不是普通消费者的看法。

文化即品牌

我们已讨论了许多种品牌创建计划，从目标到体验，从组合战略到内容营销。不过它们都依赖于人——依赖动员公司员工去赢得品牌。

因此，许多品牌创建计划的目标是在公司内部创造出适当的气氛——或者换种说法，改变其文化。尤其在服务行业，客户对品牌的印象依赖于他们对该品牌从业者的体验。大多数公司现在意识到，尽管一个品牌是一种外在现象，存在于客户的头脑之中，但品牌创建始于内部。你需要让自己的人理解你们想要代表的意义，并对之深信不疑，具备所有适当的技能，并利用好你的品牌身份，以便为客户做恰当的事。实际上，经营在线售鞋零售商"美捷步"（Zappos）的谢家华这样说道："你的文化即你的品牌。"

因此，为了帮助孕育适当的公司文化，公司投资许多富有雄心壮志的"员工参与"计划，为的是获得尽可能多的人"践行品牌"。而且这种品牌思维能够变成一个企业的"曼怛罗"。在像约翰-路易斯百货商店、诺德斯特龙连锁商店、华为公司和美国奈飞公司（简称"网飞"）这样的公司，品牌思想成为一种非常有用的领导力工具，指导人们的决策，并且在没有告诉他们确切做法的情况下提高他们的工作标准。这超越了传统的"指挥和控制"的管理方式，而是施加更加细微的影响力。一名谷歌员工曾这样跟我说过，"品牌在前，因此人们希望我们能够给人深刻印象，所以它肯定会让我们都提高自己的水平"。

公司常常任命有影响力的员工作为"品牌大使"，甚至作为"品牌传道者"，将品牌信息传播给其他同事和外部世界。这个绰号很有趣——在一些文化中，可将其比喻为外交手段；在另一些文化中，可将其比喻为宗教信仰。最终的目的是让每个员工都成为一个品牌的倡导者，同时要消除潜伏在许多公司内部的"品牌破坏者"。

不过，仅有一种高能量的文化还不够：要出色地交付产品，一个公司还需要适当的技能。没有"文化"那么有魅力，但甚至比它更重要的则是"能力"。为了实现它"一直向好"的曼怛罗，像瑞安航空这样的公司必须在新员工招募、培训和技术（开发）方面进行投资。

自1961年起，麦当劳公司已通过位于芝加哥的"汉堡包大学"培训八万名门店经理基本技能。2001年，丰田汽车公司编撰了一套十四步方法作为"丰田生产模式"。沃达丰公司则利用在线系统快速拓展学习——员工常常通过录制短视频的方式相互传授最佳的做事方法。更具战略意义的是，许多公司意识到它们无法独自创造最有利的品牌，因而通过伙伴关系和联盟方式获得它们所需要的技术。比如，"维珍"主要通过与专业公司合资的方式创建其品牌：它与新加坡航空（以及最近与达美航空）合资创造"维珍大西洋航空"，与"捷达"（Stagecoach）合资创建"维珍铁路"，诸如此类。

设计的魔力

一些品牌创建项目纯粹为了设计——改变公司的外貌和言论依然是改变人们思考、感受和行为方式的一种有效方法。

不过，设计在每一类品牌创建项目中都有其作用。设计将逻辑转化成直觉，而且在最好情况下会把散文变成诗歌。设计因此能够使一个目标陈述人性化。它把一种主张和个性从平面纸张带入真实世界。它让一套品牌组合有了可视感。它激活了一种主动给予的行为，充实了一种体验。

这就是逻辑思想变得难以预料、非正式、个人化、突破规则或者具有煽动性之处。品牌创建可以运用反讽：比如，《慵懒镇》是冰岛一档电视节目，鼓励儿童要积极向上。品牌创建甚至会让人无法理解。大多数消费者都不知道"奥迪"标语"科技领导创新"的含义是什么，不过它依然形象地传达了一种强大有效的德国奥秘。通过这样的技巧，合理的也会变成不合理。用神经科学家的话来说，设计绕过理性思维，直接激发了人们的直觉或者说系统1的反应。

传统上，品牌设计师专注于品牌的视觉要素——最显著的符号（能指），比如品牌的标识、颜色和字体。不过，这些只是一个更大系统的一部分而已。除了视觉方面，设计者现在大量关注语言文字。这包括品牌名称、产品命名系统和口号标语，还包括品牌的"音调"或者每一样东西的写作风格。像"挚纯饮料"这样的公司就有一种非常突出的写作风格，而且其他许多公司现在也努力达到相同效果。"嘉士伯"品牌"可能"只要通过一个单词就能识别。

设计师们还仔细地在品牌的感官方面下功夫。气味、味道、姿态和纹理都能够非常有效地激发"系统1"的反应。凯宾斯基酒店集团在其酒店大厅喷洒一种与众不同的气味剂。汽车制造商确切地设计车门关闭时发出"沉闷的金属声"。西班牙美利亚酒店集团甚至鼓励其员工在向客户打招呼时将右手放在胸口，这是一种非常独特的品牌姿态。

但对许多公司来说，品牌设计还有一个更重要的方面：互动。设计师要仔细考虑在线用户界面每个像素、每一秒的细节——因为这是在客户头脑中培育正确的品牌印象的最有效方式。微信，这款中国人使用的通信软件，就是一个用户界面设计大师。

一些设计师讨论"接触点"，即一个客户（或员工或投资人）看到或触摸到的一切不同之处，这些东西会影响他们对该品牌的感知。但是这可能是一种静态的、碎片化的思维方式——设计许多单独的接触点，而且就像我们已讨论过的那样，设计师把整个客户体验常常看作一种历时的"客户之旅"，现在这种做法很普遍。

与任何创造性活动一样，品味、判断力和习俗惯例会随时间而改变。就像许多艺术家影响其他艺术家那样，品牌也会彼此获得暗示，相互借鉴。当下的时尚是纯粹主义，剥掉事物的外衣回归其本质。品牌视觉标识常常采用阴影、高光和纹理来产生一种三维立体的错觉。现在，这种时尚——从"苹果"到"可口可乐"——都转为简单的"扁平化"图片。而且品牌命名也由造词（如"谷歌""讯佳普""声田"等）转向简单的真实单词（如"优步""藤蔓""斯莱克"等）。

真实的实用性

设计在很多方面都是一切成功品牌创建项目中的关键工具。在一些项目中，设计就是创造出一个不可忽略的标识。在其他项目中，设计可能意味着要确切地界定一个用户点击"结账"时或者写下"一直向好"这样简单的曼怛罗时会发生什么。现在不再那么强调把设计看作造型，更多强调设计是用来解决问题——这是因为人们相信他们体验到的现实。品牌创建创造的神话越来越少,更多是去介绍(产品/服务的)良好真实的实用性(参见方框6)。

方框6 "极度干燥"(Superdry):英式日语

"极度干燥"是一个全球服装零售商,在过去十年里取得了快速成功,以其产品上印有显著的日语文字而闻名。但"极度干燥"并非来自东京,而是来自英格兰的切尔滕纳姆。这个品牌由朱利安·邓克顿在1985年作为"时尚衣物"品牌而创立,"极度干燥"为其内部品牌。但事实证明"极度干燥"更具影响力,因而在2012年所有的"时尚"店都更名为"极度干燥"。现在它在近五十个国家有五百多家门店。该公司表示他们专注于高质量产品——把复古的美式文化和日语灵感所激发的图形与一种英国风格相融合。这些日语文字大都没有意义且随机排列,但作为一个品牌设计,它的效果很好——当然,除了在日本本土之外。

第七章

品牌创建伦理

　　1988年，一家名为"禾众基金会"的荷兰发展机构创立了一套"公平贸易"的标准，想要保证生产商有一种体面的生活。禾众基金会的理念是利用品牌创建鼓励富裕国家的消费者改变购买行为：支付更多的钱购买符合伦理道德的产品。

　　这个理念迅速传播到荷兰之外。一家"公平贸易标签组织"得以成立，并且在2002年推出了一个新品牌"公平贸易"（参见图7）。生产者加入当地的合作社，然后就可从建议、培训和有保证的最低价格中受益。

　　这种方案并不完美。"公平贸易"产品的价格很高，因而批评家认为这种溢价的绝大部分都被零售商拿去了。而且这种制度将非"公平贸易"的农民置于一种严重的不利状态。尽管如此，截至2013年，消费者能够在三万种不同的"公平贸易"产品中进行选择，而且他们购买这些产品花费了五十五亿欧元。品牌创建计划已取得成效。该计划正在帮助七十四个国家的一百二十万名工人和农民。

　　很明显，品牌创建是一种强大的力量。但它会一直是一种向善的力量吗？有许多理由让我们保持乐观。商业利润越来越取

图7 社会变迁："公平贸易"品牌鼓励人们选择有利于生产者的产品，而不是剥削他们

决于社会目标,因此,品牌创建要赚钱必须向善。

故事还是谎言?

再举一个超市产品的例子:如果你去英国玛莎百货商店购买三文鱼,你会发现包装上写有(比如)"缪尔湖(Lochmuir)三文鱼馅饼"。它听起来很美味。在英国,大多数人都知道"loch"是苏格兰语,表"湖"的意思,因此很容易想象这种三文鱼来自苏格兰高地某个漂亮的湖泊。但是,如果你用"谷歌地图"搜索"Lochmuir",你会得到一个错误信息反馈:"我们不能找到'Lochmuir'。请确保您搜索内容拼写正确。"为何会这样呢?因为根本不存在这样一个地方——这是品牌创建人员凭空捏造的一个地名,以产生一种原产地的感觉,从而增加产品的价值。

类似地,你可能觉得"极度干燥"来自日本——但正如我们已讨论过的那样,它在1985年成立于英格兰的切尔滕纳姆。你或许认为"哈根达斯"是北欧斯堪的纳维亚的牌子,但它却来自纽约。你可能猜想"瑰珀翠"(Crabtree and Evelyn)是一家有几百年历史的英国公司,但它却是由一个美国人和两个英国人于1972年在马萨诸塞州创立的。那么,丰富多彩的故事讲述什么时候变成了对消费者的误导?倘若品牌创建意在改变我们的思考、感受和行为方式,那么它的影响何时会变得有害?

多年来,有许多批评家批评品牌和品牌创建。美国记者万斯·帕卡德曾在1957年写过一本引人入胜的书,叫作《隐藏的说服家》。他揭露了当时流行的动机研究做法,即广告推销人员悄悄渗透到人的潜意识心理过程中,去进行售卖(甚至使用现在被明令禁止的骗局,比如,潜意识广告)。"我们中很多人,"他总结道,"在日常生活模式中正受到影响和操控,远比我们想象的要严重。"因此,品牌创建以及它所涉及的一些实践都可能涉及对人系统性地欺骗或操控。

英国艺术评论家约翰·伯格在1972年录制了一系列电视节目,叫作《观看之道》,后来整理成了一本书。这是一种非常棒的马克思主义分析方式,分析了我们在艺术品中所看到的形象背后的意义、动机和经济情况;其中一个节目分析了伯格所说的"宣传"——他用来指广告和相关行为,一种我们今天可能会称作"品牌创建"的艺术。伯格总结道:"宣传的目的是让观众对其当前的生活略微不满意。"品牌创建故意让人们对其所拥有的感到不满意,为的是诱使他们购买更多。这是系统性地制造轻度痛苦。

其中最有名的,是加拿大记者娜奥米·克莱恩,她在2000年写了一本全球畅销书《拒绝品牌》。它探讨了品牌侵袭我们每个生活领域的方式,包括对学校的侵袭;探讨了大品牌拥有者的可疑行为,比如在发展中国家利用血汗工厂生产大量的世界品牌衣物。克莱恩预言,"随着更多年轻人发现全球标识网络的诸多品牌秘密,他们的愤怒就会激起下一场大型政治运动"。她的预言还没完全实现,但她已引发对品牌跨国公司史无前例水平的公开监督。

这些书攻击了比品牌创建更重大的东西:大型跨国公司傲慢

自负的行为，又或者整个资本主义经济制度。它们对我们的青少年、叛逆者、阴谋理论家都有吸引力。但它们同时也猛烈地击中了品牌创建的欺骗性以及有时甚至是虚伪的本性——而且还揭露了它的本质：品牌创建不仅仅是许多一次性的欺骗行为，而且还是我们无法轻易摆脱的一种制度和一种环境氛围。

不过，这是看待品牌创建的唯一方式吗？显然不是。

国民之乐

品牌创建也有许多积极的效果。对消费者而言，它创造了多样性，并指导人们进行选择。为了保持他们的品牌在我们头脑中的新鲜度，公司会不断地开发提供新产品和新服务。而且若没有品牌创建，我们很难识别和找到要寻找的东西。如果我们想解渴、想油漆我们的房子，或者想获得一份贷款、想观看一个电视节目，品牌创建可指导我们，帮助我们获得我们想要的东西。设想一下：在一个没有品牌的超市内，每一类商品只有一种产品。

品牌让这个世界更有预见性，因而减少了日常生活中的焦虑。若没有品牌，我们可能不会知道该期望一款产品具有什么样的质量水准。我们不会知道信任谁或者信任什么。深夜，在一个陌生的城市，找到一家麦当劳餐厅会是一件非常令人安心的事。身为消费者是一件令人烦恼的工作，经常有做出错误购买决定的风险，而品牌创建的一个主要心理益处就是减少那种焦虑感。

品牌创建还会增强人们的渴望感，有助于让美好的东西变得更易获得：你可以认为这是一种民主化力量。企鹅出版社成立于

20世纪30年代，为的是让新兴中产阶级能够买得起好的读物，而出版社的创立者艾伦·莱恩不仅将它视为一家出版社，也视其为一个品牌。在部分程度上，正是像伦敦的泰特美术馆和纽约现代艺术博物馆这样的品牌力量将现代艺术带给了更多人。你还可以说，正是因为品牌创建可以降低焦虑感，人们才会尝试新产品和新体验。英国乐购公司前首席执行官特里·莱希曾这样主张道，"英国工人阶级与我们一道迈向高端"，并主张"乐购"品牌鼓励人们尝试所有系列的外国新食品。比如，航空公司和酒店品牌给人的安心则鼓励我们去尝试新的国度和新的文化。

品牌能让人自我感觉更好。不管对错，它们让我们感到已做出聪明的选择，或者认为我们就是我们一直想成为的那类人。品牌创建赋予产品和服务额外的意义、额外的价值——它们帮助我们向他人炫耀，或者只是静静地自我感觉更好。就像"乐高"品牌部落那样，它们也许给我们一种身份感和归属感；并且它们让我们参与到意义创造的过程中。而且一些品牌创建给我们一种别的方式所不能给予的力量。正是通过像"亿贝"和"易集"这样的电商平台的品牌力量，我们才能够把东西卖给全世界。

使之担责

品牌创建不仅会对消费者有好处，同时对工人也有好处。为一个好品牌工作，让人感觉工作更有价值。对于一家拥有强大品牌的公司，比如"约翰-路易斯"或者"诺德斯特龙"，员工会感受到一种更加强烈的归属感，认为他们的工作有价值。一个明确说明想要代表何物的主张有利于更好的决策。一个品牌能够指导工人们做什么以及如何做——就像"乐购"的曼恒罗"服务英国购物者，每天进步一点点"，或者印度联合企业"马恒达"的理念——让人"站起来"。

很明显，品牌创建对经济有好处。因为品牌创建的根本作用就是刺激购买（以及重复购买），很显然，它有助于创造销售额；而且你也可以认为在过去一百年，世界经济的增长至少部分程度上受到品牌力量的驱动。1920年世界生产总值不到两万亿美元，现在远超过五十万亿美元（以1990年价格计算）——若没有品牌创建，这有可能实现吗？

对于社会来说，品牌创建提高质量，因而让企业有了责任担当。因为品牌是某种质量水平的一种保证，它们（企业）会提高总体质量。由于一个品牌对其拥有者来说非常有价值，所以它会有动力去解决任何会破坏品牌的问题——比如，"普里马克"在2013年行动快速地改善了其在孟加拉的工厂条件，这就是其中的原因所在。品牌实际上成为有道德的消费者监督的一个重点——这种监督在一个没有品牌的世界里会困难得多。

诙谐一点来说，品牌给许多国民增添了快乐。设想一下，如果不允许"极度干燥"采用带有幻想色彩的日语表达，或者不允许"瑰珀翠"建立一种虚构的传统，没有品牌的世界将会多么单调——而且会多么地缺乏幽默感。这些故事为消费者增加了价值，而品牌则拉近了人们的距离。"苹果""三星""脸书""推特""耐克""阿迪达斯"都是当今的世界语：我们都共享的一个专门词汇。

无穷无尽的不满

不过，几乎所有这些论点都有消极的一面。对消费者来说，品牌创建会造成同质性，从而减少选择。尽管在某个层面我们有前所未有的商品和服务可供选择，但在另一层面，我们的选择其实变少了。大型全球品牌企业驱逐当地无品牌的公司，于是世界上每个城市现在都提供完全相同的商店、酒店甚至餐馆："飒拉""假日酒店""硬石餐厅"。而在网上世界，品牌帮助产生网络效应，其结果就是准垄断状态——"谷歌""维基百科""亿贝""照片墙"。

品牌能制造一种错误的安全感。从某种意义上说，它们保证质量，但同时又鼓励我们停止思考——比如，想当然地认为品牌食品中的每一种成分都必然是健康的。

它们欺骗人们去购买他们并不需要的东西。你可以说这就是品牌创建的本质：制造欲望。品牌创建让人们支付比他们需要支付的更多的钱；购买和消费他们并不需要的东西；而且去购买对他们来说有害的东西，不管是香烟还是含糖饮料。对一些人来说，（购买品牌）变成了一种瘾癖，他们已成了品牌标签上瘾者。

就像约翰·伯格所主张的那样，品牌能让人们对其生活感到不满。因为品牌创建制造了欲望，它并不创造满意或幸福。就像一些令人上瘾的药物一样，它刺激我们的大脑产生多巴胺，使得我们不断要求更多的东西——下一款"苹果"手机、下一个"宝马"车型。人们可以这样认为，品牌创建会造成永久无法满足的欲望，就像奥斯卡·王尔德对香烟的描述："一根香烟是完美的享受，它是高雅的，但留给人的是不满足。"

一切商业化

可以认为，品牌创建诱骗员工去服务股东的利益，而不是他们自己的利益。当今有许多员工为品牌公司精心效力，他们的工作时间若在维多利亚时代会让人惊讶不已，从早餐到就寝（以及就寝之后）都在回复邮件。你可以说，他们为之工作的品牌的光环让他们付出的劳动远远多于他们实际得到的工资。

对于经济来说，正如品牌创建会刺激经济发展，它同时也会激发不可持续的消费水平，因而导致不可持续的生产水平。它会造成这样一个时代：资源耗竭，海洋受到污染，生活环境遭到破坏，气候模式发生改变。

但是对于社会来说，品牌可能会成为企业做错事时的一个面具。熟悉的、令人尊敬的大品牌会让社会认定背后的一切都没问题，就像2015年世人所见的那样，当时大众汽车关于排放水平的系统性欺骗得到披露。

品牌创建或许可以增添色彩，但也会把一切都商业化，因而把一切事物都变得平凡庸俗。它助长了把宗教节日变成商业富矿的风气。它把商业带进了学校、大学、博物馆和展览馆。为了简明，品牌经理会简化一种生活方式，把城市这样的多维度实体变成一句粗鲁的口号：比如，爱丁堡变成了"鼓舞人心的首府"。

而且，尽管品牌把我们团结在一起，它们同时也把富人与穷人区分开了。它们突显出谁能买得起"苹果"手机，谁只能凑合着用古老的"诺基亚"手机。

为社会变革而创建品牌

那么，我们能得到什么样的结论呢？负面情况真实存在，我不想过于轻视这一点，也不鼓励大家对此漠不关心。但是品牌创建最有效之处是其道德伦理，因为它是一种真实的反映：撒谎的品牌创建不会持久。

而且，总体而言，品牌创建的作用就是迫使许多事情公开透明。通过运营品牌和使用这些有影响力的符号，公司的可见度变得很高。它们在人们的生活中很重要，因此自然成为受监督的对象。人们会意识到品牌创建以及它是如何起作用的——即使品牌创建已遵守其铁规。互联网文化的兴起增加了人们的品牌知识，增强了他们调查品牌的力量——同时激发了一种不恭敬、反建制的态度。通过社交媒体，个人已获得了要求公司承担责任的权力，而且近些年来消费者已抵制了像亚马逊、博柏利和雪佛龙这样的公司。这些抵制或许不会毁灭这样的品牌，但它们常常引起企业政策上的改变。因此，对大公司来说，无处可藏。

而且，如果品牌创建会改变人们的思考、感受和行为方式，那么它也会通过这样做而实现社会变革吗？品牌创建能够帮助人类和地球吗？很显然，品牌创建能够鼓励那些提高福祉的短期行为。"公平贸易"就是一个例子。联合利华公司创建"卫宝"香皂品牌,宣传其卫生质量,并在印度农村进行了一个健康教育项目,它声称影响了七千万人。

品牌创建还能产生长期的行为习惯,增加可持续性。比如,美国网上租车公司"链车"鼓励人们共享汽车,而不是拥有汽车;公司声称每一辆"链车"会把路上的私家车减少十七辆。法国拼车公司"巴拉巴拉汽车"和英国的"搭车族"旨在通过共享乘车而达到类似效果。美国环保清洁公司"方法派"制造吸引人购买的环保清洁产品。"维基百科"作为品牌,鼓励成千上万的投稿者通过义务工作给世界智力资源添砖加瓦(参见方框7)。

"女孩效应"是一个最初由耐克公司建立的组织,旨在利用媒体品牌的力量改变青少年女孩的态度和行为,尤其是发展中国家的女孩,引导她们获得更好的健康和教育。它的前两个品牌——埃塞俄比亚女子流行演唱组合"颜雅"和卢旺达的季刊杂志《美少女》,提供电台节目、女子乐队、杂志和网站,向青少年女孩展示新的社会标准。这项品牌创建吸引了几百万人,并且改变了过去被视为"标准"的东西。这些品牌开始展现出自己的生命力,因为观众开始把自己看作(比如)"颜雅"女孩,并开始感到一种更加强烈的自信。

方框7　维基百科:一个有爱的劳工

维基百科是一个并非由专业员工而是由志愿者运行的全球品牌。它由吉米·威尔士在2001年创立,并于2001年推向大众，其使命任务就是"编辑汇总人类的所有知识"。维基百科现在包含有二百五十种语言写的四千万个词条文章。尽管来源于大众，而非由学者撰写，但总体来说非常可靠，而且研究表明维基百科常常与《大英百科全书》一样准确，在许多方面已取代了它。英语版的维基百科现在大约有十二万个活跃的编辑。是什么让人们免费地创建了一个全球百科词典和一个全球品牌？这被称作"激励经济"——声誉、认可、对事实的一种渴望、对精确的执念。而且这也是许多新品牌的力量所在——仅仅为了那种参与并成为有价值之事的一部分的感觉。

优质商业

或许对品牌创建持一种积极观点最有力的理由，就是商业和社会影响力之间日益增强的相互依赖性。在一系列企业丑闻和垮台之后——安然公司（Enron）破产、英国石油公司承诺失误、雷曼兄弟公司的破产、大众汽车公司的丑闻等，人们对品牌要求更高的社会责任。为了赢得并维持相关重要人群的支持——消费者、员工、管理者、媒体，许多公司现在在追求商业影响力的同时积极追求社会影响力。像联合利华这样的公司还把社会目标看作激励创新、更有效地使用稀缺资源的一种方式。世界上最大的零售商"沃尔玛"把可持续性看作一种优质商业，而社会责任有助于它践行其品牌标语"省钱，让生活更美好"。对大多数世界级首席执行官来说，利润现在部分程度上依赖目标。因此，越来越多的公司不得不利用他们的品牌在实现其商业目标的同时，还要确保其社会目标（的实现）。

第八章

品牌创建的未来?

我们已看到,品牌创建尽管是一种非常古老的行业,最近已经变成一个重要的话题、高层会议室里的优先事项以及学术研究的一个领域。其范围已扩大覆盖了文化、政治、教育、各种城市、各个国家、名流界等。不过,品牌创建行业将如何改变?它是否已达到发展顶峰?或者说,它有一个长久的未来吗?

可以察觉出,有三个领域正在发生变化:品牌创建范围(给什么创建品牌)、品牌创建对象(为谁创建品牌)以及品牌创建精神(品牌创建如何发挥作用)。在每一个领域都没有发生由老到新的简单过渡。相反地,存在着一种辩证关系,两个力量之间的一种冲突。它有点像一个肥皂剧,有三条明显的故事线。就像所有好的故事线那样,这些故事线发展依赖矛盾:在每一条故事线里都没有一个明确的赢家,只有对立的力量。但如果存在一种把这些故事情节连接起来的思想,那就是这样一个事实,即品牌创建现在受到一种更新的、非企业方案的挑战。

给什么创品牌?

商业界有一场现场辩论,辩论的是最佳的组织方式或者公司的最佳形式——因而也是关于什么样的组织实体需要创建品牌。

公有制公司依然是主导形式。这种公司对其股东负责并寻求利润上的不断增长，在过去一个世纪里经证明是一种非常有效的挣钱方式。苹果公司或许就是最好的例子：一个令人惊讶的财富帝国，坐拥两千亿美元的现金储备。在一个全球化的世界，规模比之前更加重要，因此公司持续并购，合并成更大的单位：比如，最近"卡夫"加入亨氏食品公司；壳牌公司并购了英国天然气集团。这些企业意图能够自给自足，能够自己解决问题，能够拥有它们自己的知识产权。在商业领域，它们是企业城堡。

不过，与此同时，许多其他公司形式也取得了发展。一些世界最大的公司是国有的（比如中国移动公司）或者私有的（比如"宜家"）。在一些市场中，员工所有的合作社（"约翰-路易斯"、蒙德拉贡联合公司）则非常成功。甚至中国的华为也在部分程度上是员工拥有的。有一种新型的社会企业，如"咖啡直达"；或共益公司，如"易集"、户外品牌公司"巴塔哥尼亚"以及英国食品公司"库克"等。还有更加松散但标识明确的各种运动，比公司更有"组织性"，比如"黑人的命也是命"运动。当然，过去十年里还出现了前所未有数量的初创企业。这些公司没有一个是由短期的股票市场需求驱动的；其中的一些公司受到一种反企业精神激发；几乎所有公司的目标都不仅仅是纯粹为了获利。

传统企业通过获得价格上的溢价并确保长期收益，把品牌创建作为股东价值最大化的一种方式。不过，公司的其他形式也可能具有其他目标。社会性企业也许想为某项特定的事业提供支持；数字世界的创业或许瞄准的不是即时的收益，而是网络效应。

而且许多公司——传统的和其他形式的公司，正以一种更加协作的方式运行。比如，当公司要依赖复杂且开发费用非常高昂的技术时，他们选择与那些拥有这些技术的公司合作，而不是自己去开发这些技术。这就意味着许多公司运行时不是像那些自给自足的城堡，而是更多地与其他公司合作。这种方式感受起来可能截然不同。一位公司研究专家菲尔·米尔维斯这样说道，"公司已不再是宇宙的中心"。不是居于舞台中央，控制着供应商和分销商网络，相反地，公司发现自己在一种公司生态系统中作为平等的伙伴与合作者（而且，经常与竞争对手）一起合作。

独立的城堡还是群星荟萃

这里所说的故事线其实就是两种哲学之间的冲突：独立的城堡与群星荟萃。你可以把苹果公司看作典型的城堡，而把谷歌公司看作一个非常显著的星座。不过，现实情况当然更为复杂。苹果公司的软件商城依赖于许多独立的开发商，而谷歌公司的母公司字母表公司现在正转变为一个貌似传统型的联合企业。开始创业时具有叛逆精神的公司在发展壮大之后，不可避免地会呈现出传统企业的特征。

品牌创建的结果很诱人。有时被称作"强力品牌"的传统全球品牌持续发展：如"苹果""百事可乐""梅赛德斯-奔驰""沃达丰"等。不过，其中的一些品牌偶尔会采用一种"去品牌化"的手段，试图显得规模小巧、非企业性质。比如，"星巴克"在西雅图有一家名为"罗伊大街咖啡茶品店"的社区咖啡店。它的网站写道，它"受到'星巴克'启发"，但实际上它就是"星巴克"所拥有的店面。

与此同时，矛盾的是，世界上的许多新品牌都试图让自己看起来更具企业特性。许多网络公司一开始就采用了非正式、简约且几乎是手工制作的品牌身份特征。对于这些公司来说，优先事项就是一款杰出的产品和一个让人难忘的名称，而不是一个华而不实的标识。像"照片墙"和"爱彼迎"这样一些公司的品牌名称都是手写的。其他的一些公司，像"雅虎"和"亿贝"的品牌名称则是跳跃状、卡通体。即使是强大的"谷歌"也采用了一种笨拙的印刷体标识。它们现在一个接着一个改变成设计更为精细、更符合传统常规、更具企业特性的品牌身份，为的是向用户和管理者表明，它们是合乎规矩、已发展壮大了的挣钱公司。

在这些现象的背后，所有权发生了变化：比如，美国网上租车公司"链车"被"阿维斯"收购，"雅虎"被美国电信公司"威瑞森"收购，而且依然可以看出这些第五版的品牌如何在新主人名下发展。一些网络品牌公司现在与传统公司合作：比如，字母表公司与葛兰素史克公司一道开始一项生物电子业务，叫"加尔瓦尼"。将来这些合资企业如何创建品牌呢？

与此同时，诸多大品牌已为许多公司共享。或许，世界上最大的品牌就是"安卓"，尽管它在法律上为谷歌公司所有，实际上却为几百家手机和平板制造商所共享。

作为联盟的品牌

现在新出现的模式就是各种目标明确的结盟——各公司联合到一起，追求商业目标以外的东西。通过社会媒体，各种"谜米"和"推特话题"可能在几小时内就会变成全球现象。这些是人们所采用的、认同的、赋予意义并分享的符号。尽管它们不被任何人所拥有，显然也不被任何商业机构所拥有，但它们却是品牌。在2015年法国讽刺类报纸《查理周刊》受到恐怖袭击之后，几百万人使用了这一口号"我是《查理》"。这个句子成了一个联盟标识，一种临时性但强有力的非企业品牌。

因此，尽管品牌创建通常还是关于定位和拥有关系，但它同时也越来越多的关于目标和联盟关系。其主导作用还是让人们购买东西，但出现了一种新的作用：给人们和其他公司机构进行联盟的一种理由。会议组织公司TED的宗旨是传播"一切值得传播的创意"，它已在一定程度上放弃对其品牌的控制，允许世界上的各种组织加盟该品牌，组织它们自己的TED盛会。

这些公司性质上的变化会持续下去，于是我们会看到更多的品牌创建在以不同的方式达到非企业效果：表明社会目标，显得规模小且具本土性联合各个公司，展示魅力而不仅仅是权力。

当然了，如果一个品牌本质上就是一种企业行为，而世界又正向着非企业化发展，那将来就不会再有品牌的位置了。或许，在一个非企业化世界，将只存在变化的、非正式的"各种组织"，没有一个组织会足够持久地存在，从而去创建一个品牌。

为谁创建品牌？

公司在形式上发生改变时，另外一场战役正在展开：在商品生产商（公司）和消费者（人民）之间的一场权力斗争。就品牌创建而言，谁处于掌舵地位呢？

过去近十年来，尤其是通过其所拥有的消费者数据，生产商的权力已得到很大的加强。因为现在我们在线消费很多，都会留下一系列数据，精确地揭示我们所在的位置，我们所购买的东西，我们所阅读和观看的内容，以及我们的爱好如何随着时间的流逝而发生变化。当然，这种数据对生产商来说非常宝贵，于是，出售数据成了一种非常普遍的经济活动（尽管很大程度上隐蔽无形）。实际上，正是这些数据的价值支付了网上许多看似免费的服务。就像这句让人沮丧心寒的话所说的那样，"如果它是免费的，那么你就是它的产品"。

不过，与此同时，网络也给予了消费者前所未有的权力。消费者现在可以立即比较各种产品，从成千上万消费者那里获得公正无偏的产品评价，并可通过社交媒体进行公开投诉——所有这些直到几年前才有可能做到。或者，他们可以变成"合作消费者"，拒绝旧的消费模式——我们每一个人都拥有自己的财产；拥护新的消费模式——商品可以在很多人之间共享。比如，目前在年轻人中间有一个很明显的变化，即从拥有汽车转向加入像"链车"这样的汽车俱乐部——这对汽车生产商来说是一个令人担忧的趋势，他们可能面临销量的大幅度下滑。

而且消费者从未像现在这样可以如此容易地进行投资、亲自生产或销售，完全取代了传统的生产者。比如，众筹公司"脚踏启动器"（Kickstarter）让我们都变成了商业投机资本家；"亿贝"让每个人都成为一个零售商；"爱彼迎"意味着任何人都可以成为小旅馆经营者；而有了"优步"，你可以开始自己的出租车业务。与此相伴的是小规模生产的巨大增长："生产者运动"包括越来越多的手工艺者对"易集"这类网站的利用；而"黑客文化"是一种亚文化，指的是聪明人通常使用软件编码（与入侵计算机系统的黑客不同）找到解决问题的新方法。

消费者演员

当然，其中许多现象只是少数人的行为，但思想深处的转变无疑是主流。研究表明，在2006年，90%的互联网用户是消极被动的，只是在消费（网络）信息。仅仅过了六年，这一比率就发生了转变，有87%的用户积极地贡献（网络）内容——即使只是在"脸书"上发布最近的自拍照。互联网激活了消费者，于是法国人所说的"消费者演员"——一半是消费者，一半是演员——现在成了主流。

在某些方面，技术已让消费者变得更为个性化、原子化，而且每个人都已变成一个个人品牌。在其他方面，科技让消费者更容易聚合成各种团体、网络、社区，或者更时髦的说法——"部落"。

学术界把这种思想往前推进了一步，提出了一种名为"服务主导逻辑"的概念——它质疑了传统上对生产者和消费者泾渭分明的区分。它提出，在消费者购买一种服务时，他们在价值的生产过程中几乎总是起到一种积极的作用。通过使用这种服务，他们共同创造了它的价值。实际上，他们决定了他们那一部分的价值。当我采用像汉莎航空这样的航空公司时，我就要做一些工作：打印我的登机牌，携带我的随身行李，等等。当我在"猫途鹰"旅游网站上贴一份评价，我就帮"猫途鹰"提供了一项更有价值的服务。

而且，这一理论又向前发展了一步，提出所有产品和服务的交换都是这样的——实际上最好把产品看作一种服务，这就是它的逻辑为何是"服务主导"的原因所在。它认为企业实际上不能产生价值。企业的权势局限于提供"价值命题"，消费者将其转变成价值。一辆"现代"汽车、一件"永远21"（Forever 21）的上衣甚至一块"奥利奥"饼干，在有人使用之前都没有价值可言。

再回到市场，品牌创建现已成为一场有趣战斗中的重要武器。生产者手中握有前所未有的大数据，能够更好地推出产品，利用品牌创建培育客户的忠诚，并且能更好地采取一系列方法在我们最可能购买的时刻向我们出售其商品。与此同时，消费者也变得更加精明、更加多疑，不那么忠实，并且更乐意抛弃传统的消费。而且这两种现象同时发生。我们中大多数人在某个时刻抵制品牌创建，而在另一时刻又受其引诱。

现在各公司的普遍做法就是承认权力上的一种变化，并认为他们的品牌现在为他们的客户"所拥有"，或者说由其客户"共同创造"。至少，这意味着公司认识到他们的品牌存在于他们之外，存在于外部人员的头脑之中，因此无法直接加以控制。你所能够做的一切就是轻轻地推动客户去创造"恰当的"意义。就像马蒂·纽梅尔在他的《品牌翻转》一书中所说的那样："一个品牌并非由公司所拥有，而是由那些从中汲取意义的客户所拥有。你的品牌并非是你说的那样。而是他们所说的那样。"这种思想现已落地，许多品牌经理现在从外部视角向内看待其品牌，并且把客户看作最重要的品牌创建人，争取其支持。

作为平台的品牌

这场战争中诞生了平台这一概念。"硅谷"现在公认的信条就是，公司不应生产销售给消费者的产品，而是提供人们可以做事情的平台：像"亿贝"、移动软件商城或者"优步"这样的平台。市场营销人员很少谈论建立情感上的"忠诚度"，更多地讨论生产那些只对人们"有用的"东西。品牌专家约翰·威尔夏巧妙地对比了传统品牌创建（他把它描述为"让人们想要某种东西"）和最新的模式（制造出人们想要的东西）。那些旨在制造欲望的广告人员已过时了，时兴的是那些只是想把某种东西变得有用的产品和体验设计师。品牌创建更加功能化，而品牌身份更具实用性。空气中弥漫着一种新的（或许常常是虚假的）谦虚朴实。

于是，这些平台品牌就存在这样一个问题，即它们到底是谁的品牌？它们由一家"生产者"（比如"亿贝"）创造，却变成"消费者"的工具：它们变成了用户达成其目标的手段。一个"亿贝"卖主依赖的就是"亿贝"品牌的诚实正直。"优步"和"爱彼迎"

品牌是"优步"司机和"爱彼迎"旅馆业主的基本标识。实际上，"爱彼迎"在2014年意识到了这一点，重新设计了其标识——被称作"贝洛"，作为"爱彼迎"旅馆业主能够采用、修改和重新画出的一种模板（参见图8）。截至2016年，已有十六万人制作了自己的"贝洛"。按照字面意义，该品牌由用户共享和制作，而非由其最初的拥有者。

"平台"这一概念已经招致强烈反对。像"优步"这样的公司受到猛烈的批评，因其夺走了传统的、受到监管的出租车司机的工作。比如，在德国，这种高度个体化的"平台资本主义"被看作对更传统、更有组织的工作方式的威胁，在过去的工作方式中，工人之间团结一致，而非竞争关系。

因此，品牌创建虽依然是一种由生产者主张权力的劝解说服，但同时也在越来越多地建立一个有用的平台——消费者在此

图8 一个共享的品牌："爱彼迎"的标识被称作"贝洛"，其设计供"爱彼迎"旅馆业主采用和修改，制作他们自己的标识

发挥影响力，并且实际上也变成了一个生产者。在此背景下，至少目前品牌的作用就是把越来越多的用户带到平台上，并让他们留在那里，从而产生网络效应。这就是我们在第三章所说的第五版品牌创建。

这种权力斗争的下一步会走向何方？一种观点认为技术会给予消费者而不是生产者更多的权力。有了足够的数据和有效的对比网站，消费者会拥有完整的市场信息，因而根据各种事实的完整知识做出他们的购买决定。根据这种观点，品牌就变得不那么重要了。在《绝对价值》一书中，伊塔马尔·西蒙森和伊曼纽尔·罗森举了一个非常明显的例证："过去，你总是知道在赛百味或麦当劳那会得到什么。但当你通过点评网站'叫声'或者美食点评网站'萨加特'知道能从一个小餐馆那获得什么时，品牌名称就相对不那么重要了。"当然，你可能会持相反的观点：随着比较网站强制提高标准，同质性得到鼓励，这种非理性的东西、事实之外的特征会在我选择适合我的东西时显得更加重要。

未来的另一个版本是由"客户关系管理"（即大公司保存有关我们的数据库）转向"供应商关系管理"。在多克·希尔斯于《意愿经济》中形象勾勒出的新世界里，这个体系被推翻了：消费者现在对生产者密切关注，我们都有生产者的数据库。不是公司发起向我们销售产品的运动，相反地，我们会发起运动，向世界宣布我们的需求和目标（我们的"意图"），公司则投标满足我们的需求。如果我需要一台新冰箱，我会在网上宣布这一意向，于是"博世"、"倍科"、"卡迪"、"海尔"以及其他冰箱生产商相互竞争,给我最好的报价。这又再一次表明,这可能会使品牌创建变得无关紧要。或者,这意味着品牌成为公司提供给我们的部分内容即功能与意义。或者说,这甚至意味着我们自己的个人化品牌会有助于我们吸引公司提供最好的交易。

应如何看待品牌创建?

伴随着企业形态的变化以及消费者权力的变化,出现了与品牌创建文化有关的第三条故事线:品牌经理和品牌顾问如何看待他们要做之事。

这种传统的思考方式青睐忠诚专一。自广告大师大卫·奥格威开始讨论这种"大创意"以来,市场营销人员以及他们的顾问已成为联合统一者、简化者和合理化人员。企业身份设计学科,现在通常被称为品牌顾问,就是建立在一种冲动之上——将一大堆不同的品牌名称、标识和广告词混为一处,并将其打造成一个管理严密的组织机构的冲动。这种转变将由一种总体思想决定。这种方法最有影响力的提倡者沃利·奥林斯曾讨论过这种"中心思想"的重要性:每一份交流和设计都会遵从一个单一的概念。这种核心概念就是身份特征。一个机构要繁荣发展,需要拥有一种单一的身份特征,在时间和空间上一致;而标识就是那个身份的标记。

这种思维与商学院和管理顾问的传统方法非常吻合,公司机构被看作非常有纪律的实体,受总体战略支配。这是设计师或者大师级规划者所用的方法:一般的业务,尤其是品牌,最好是从一份蓝图开始构建。

公司机构思维的主流，按照托马斯·弗里德曼的说法，就是"世界是平的"。根据这种观点，资本主义的胜利以及智能手机和社交媒体极为快速的普及，意味着世界各地变得几乎相同。一个大创意能够普遍起作用，而且每一个企业的初创目标就是"按比例发展"其业务，因此同一款给一百个客户提供服务的软件也能够服务十亿个客户。

大多数全球性大品牌都采用了大创意方法。比如，宝马公司仍在使用1975年首次提出的标语"终极驾驶机器"。微软软件在世界上的任何地方都完全一致。而印度和中国的新品牌倾向于模仿这种思维，即一个品牌是通过一种连贯一致的标识、标语、颜色和交流联络方式而创建的。实际上，最新的研究表明，这些传统的品牌创建工具在将品牌深入人心方面依然非常有效。

反对公式准则

但过去近十年来出现了一种相反的观点：多元化、复杂性甚至杂乱无章可能是一件好事。该观点认为，世界运转太快，无法进行各种规划。各种五年战略和十年品牌布局定位一写出来就过时了。此外，客户不想要那些强加给予的思想。在塑造一个品牌的意义方面，他们会更高效，远不是品牌拥有者所能控制的。而且，该观点主张世界并非是平的：各种文化依然差异巨大，而且按照方案准则管理永远都无法完全奏效。实际上，吸引客户忠诚的秘方可能就是创造多样性、本土特性和保持不断的新奇性。

最后一点，许多从业人员现在对品牌创建有不同看法。他们对这种公式准则已产生了不信任，对品牌同一性感到一种厌倦，对大创意的追求感到疲劳。从业者谈论的不再是一种单一的品牌身份特征，而是设计一种多方面的客户体验。

这不是设计师的方法，而是学术界所说的用手头现成工具摆弄修理的人所采用的方法，即做零活的人、自己动手做事情的人，他们用手头一切可以用的事物来制作东西，并通过反复试验进行学习。

技术创业的爆发鼓励了这种新意向。这些公司抛弃了整齐、单一思想的战略和公司计划，青睐快速、复合多样的试验。成功并非来自整齐划一的智力思维，而是显得凌乱的创造性。软件工程所用的方法——灵活、快速定型、冲刺快跑、独立的团队——都被移植到管理哲学里，而这一概念的最高级形式就是一种极为分散的经营管理方法，被称作"无主管公司"——这是一个由许多既独立自主又相互依赖的单位组成的集团。

在品牌创建过程中，最显著的表现就是视觉上——出现了有变体且具有可生性并带有动画效果的各种标识。2000年，泰特美术馆发布了四种不同版本的"标识"，十年之后，麻省理工学院媒体实验室推出了一个有四万种变体的新标识——尽管这两个机构的标识后来都进行了简化。谷歌常常运行管理一种特殊的每日标识，叫作"谷歌涂鸦"。美国在线服务公司的标识就是白底上的白色图样，只有当背景色改变时才会显现出来：其设计并非静态，而是动态的。

作为风格特色的品牌

品牌创建专家讨论"流动品牌"或"移动品牌",但他们的用意远不止流动的标识或者移动的标识。他们要表达的是,标识背后的思想本身并非是那样固定不变。体验设计专家马克·席勒姆认为,品牌创建就是"创造风格特色,而不是重复广告词"。这是许多小创意之间的相互作用,而不是一个大创意。"星巴克"已经不再对其咖啡店采用公式化的做法,而是倾向于"同一身份,但非完全一致"。

西方世界以外的品牌创建或许会(给我们)指明道路。但香港的文华东方酒店集团是一家摆脱西方公式化模式的酒店集团。"无印良品"通过摒弃更为炫耀浮夸的西方品牌创建模式而建立了一种零售品牌。中国富有创造性的"内容生态系统"公司"乐视"正在创建一个兼具东西方风格的品牌。华为不是一个传统企业,因此可能会创造出一种不同的品牌。特别突出的是,非洲品牌正在世界舞台上崭露头角,比如尼日利亚电子商务公司"朱利亚"或者埃塞俄比亚鞋履生产商"索拉瑞宝"(Sole Rebels)。

这里具有戏剧性的是,许多公司由控制转向自由放开,然后再回归控制,不停地转换。可口可乐公司是公式化大师,但也支持自由放开,印刷有不同的标签,不仅印刷一种品牌名称,还有一系列名字——比如用可口可乐字体书写的"艾琳""凯莉""丽贝卡""蒂姆"等名字。当然,这只是一种更为复杂的公式准则。大型互联网品牌在某些方面是松散多样的,但依然依赖一种前后一致的名称、标识和用户界面去创造网络效应。而且大多数来自东方的新品牌尽管在管理风格上是东方特色，却在模仿西方品牌创建方式：就航空公司而言，阿联酋航空和靛蓝航空就是两个非常成功的例子。我们现在所看到的是，基于一种严格的品牌身份感的传统一致性与基于一种品牌体验多样化感觉的松散一致性之间的相互作用，正在不断地来回变动。

死与生

所有这三条故事线都对品牌创建的未来提出了疑问。如果公司变成更为松散的社会组织，那么它们还需要或者说还想要各种品牌吗？如果客户变得比生产商更强大，品牌会变得不再重要吗？如果由一致性向风格特色持续发展下去，我们所熟悉的品牌创建会逐步消亡吗？

我的观点是，品牌创建会继续成为必要之举，但它会变得不那么正式，不那么华而不实，不那么完整庞大，不那么具有制度规定性、纯商业性和企业性。在范围上，品牌创建会影响非正式的公司，而且甚至最大的公司也会试图看起来显得更小、更非正式。实际上，我们正处于向初创企业、社会性企业以及各种"开源"技术思想转变的初期。在作用上，品牌创建不再仅仅劝说人们去购买，而是邀请人们参与其中。而且在风格方法上，品牌创建将越来越不遵循西方模式：它在形式上将不再那么严格、受控、整齐、一致。亚洲和非洲品牌正开始兴起。

当然，这三条故事线密切相关：更松散的、不那么受控的公司适合强大而积极的消费者需求，因此最好通过更为松散、不那么一致性的品牌创建加以表达。这种动态将会加速发展。

换言之，品牌创建会一直持续下去。人类通过在物体上做标记来创造意义从而创造价值的实践，会永远与我们同在。

译名对照表

Kempinski 凯宾斯基酒店集团

Kenco 肯可（亿滋国际下属公司）

Kenya, advertisement for Coca-Cola 肯尼亚，可口可乐广告

Kickstarter 众筹公司"脚踏启动器"

Klein, Naomi 娜奥米·克莱恩

Komatsu 小松集团

Kornberger, Martin 马丁·科恩伯格

Kraft "卡夫"食品公司

L

Landor 朗涛设计顾问公司

Lane, Allen 艾伦·莱恩

language of brands 品牌语言

LazyTown《慵懒镇》（冰岛的一档电视节目）

Leahy, Terry 特里·莱希

LeEco 乐视

LEGO 乐高

licensing 许可证（许可）

Lidl 历德（德国超市连锁企业）

Liftshare 英国的拼车公司"搭车族"

London Transport 伦敦公交公司

London Underground 伦敦地铁

Lowenbrau "黑狮"啤酒

Lufthansa 汉莎航空

luxury branding 奢侈品品牌创建

M

McDonald's 麦当劳

McElroy, Neil 尼尔·麦克罗伊

McFadden, Cyra 希拉·麦克法登

McKinsey 麦肯锡公司

Mahindra 印度联合企业"马恒达"

Maison Margiela 马吉拉之家

Mandarin Oriental 文华东方酒店集团

Manet, Edouard 艾德华·马奈

market economics 市场经济学

market research 市场研究

marketing methods beyond advertising 广告之外的市场营销方法

Marks & Spencer 英国玛莎百货商店

Mars 玛氏公司

materialism 物质主义

Mattel 美泰公司

Maverick, Samuel 塞缪尔·马弗里克

MAYA (most advanced yet acceptable) "玛雅"（即"最先进超前但仍可接受的"）

measuring brands 衡量品牌

media agencies 媒体机构（公司）

Meliá 西班牙美利亚酒店集团

memes 谜米

mergers 合并

Method 方法

Michelin 米其林

Microsoft 微软

Millward Brown 米尔沃德·布朗

Mindshare 传立媒体

MINI "迷你"（汽车）

Mirvis, Phil 菲尔·米尔维斯

mission 使命

MIT Media Lab 麻省理工学院媒体实验室

Moleskine 魔力斯奇那

Mondelez International 亿滋国际

Mondragon 蒙德拉贡联合公司

monopolies 垄断寡头

motivational research 动机研究

movements 运动

Muji 无印良品

Museum of Brands, London 品牌博物馆,伦敦

museums 博物馆

N

negative effects of branding 品牌创建的负面影响

Nescafé 雀巢咖啡

net promoter score 净推荐值

Neumeier, Marty 马蒂·纽梅尔

News of the World《世界新闻报》

ngram viewer 谷歌的 "ngram 浏览器"

Nike 耐克

Nokia 诺基亚

nostalgia associated with brands 与品牌有关的怀旧

Nurofen 诺洛芬

O

Ogilvy, David 大卫·奥格威

Olins, Wally 沃利·奥林斯

Oliver, Jamie 杰米·奥利弗

OMD "浩腾" 媒体

Omnicom 奥姆尼康

Orange 手机品牌 "橘子"

organizational branding 公司品牌创建

organizations 公司

owned media 自有媒体

ownership, marking 拥有关系,标记

Oxfam 牛津饥荒救济委员会

P

P2P (peer-to-peer) brands 对等（或缩写为 P2P）品牌

Packard, Vance 万斯·帕卡德

paid media 付费媒体

Pampers 帮宝适公司

PanAm 泛美航空

Panasonic 松下公司

Patagonia 户外品牌公司 "巴塔哥尼亚"

Pears Soap 梨牌香皂

Penguin Books 企鹅出版社

Pepsi 百事可乐

performance 性能

personality of the brand 品牌特性

personalized advertising 个人化广告

personas 人物角色

platform brands 平台品牌

Polaroid 宝丽来

Porsche 保时捷

portfolio 组合

positioning 定位

powerbrands 强力品牌

PR companies 公关公司

pricing 定价

Primark 爱尔兰服装零售商 "普利马克"

Pringles 品客

Procter & Gamble 宝洁公司

project managers 项目经理

promises of brands 品牌的承诺

proposition 命题、主张

prosumers 产消合一者

psychoanalysis 心理分析

Publicis 阳狮集团

purpose 目标

purpose statements 目标阐述

PwC 普华永道会计师事务所

Q

quality of products, branding as a mark

of 产品质量，作为标记的品牌创建

R

Ratner, Gerald 杰拉德·拉特纳

rebranding 品牌重建

Red Bull 红牛

Reed, Richard 理查德·里德

registered trademarks 注册商标

reputation 信誉

resonance 反响

Roman empire 罗马帝国

Ronseal 木材着色料品牌"朗秀"

Roy Street Coffee and Tea 罗伊大街咖啡茶品店

Ryanair 瑞安航空公司

S

Sabanci 萨班哲保险公司

salience 显著卓越

Samsung 三星公司

Schmidt, Eric 埃里克·施密特

scientific data 科学数据

Searls, Doc 多克·希尔斯

Seren 服务设计公司"塞伦"

service brands 服务品牌

service-dominant logic 服务主导逻辑

Sharp, Byron 拜伦·夏普

Shell 壳牌石油公司

Shillum, Marc 马克·席勒姆

Siegel+Gale 思睿高品牌战略咨询公司

signified and signifiers 所指与能指

Silicon Valley 硅谷

Simonson, Itamar and Emanuel Rosen 伊塔马尔·西蒙森和伊曼纽尔·罗森

simplicity of branding 品牌创建的简单化

Singapore Airlines 新加坡航空公司

small business branding 小公司品牌创建

social change 社会变化

social media 社交媒体

social responsibility 社会责任

social value 社会价值

Sole Rebels 索拉瑞宝

Solidaridad 禾众基金会

Sommerville, Lorna 洛娜·索姆维尔

Sony 索尼（公司）

Sorrell, Martin 马丁·索罗

Southwest Airlines 西南航空公司（美国）

Spotify 声田

stakeholder management 利益相关者管理

Star Alliance 星空联盟

Starbucks 星巴克

Stella Artois "时代"啤酒

success of brands 成功品牌

Superdry 极度干燥

system 1 thinking 系统 1 思维

T

Target 目标

Tate galleries 泰特美术馆

technologists 技术专家（技师）

technology start-ups 技术创业

TED 会议组织公司 TED

Teflon 特氟龙

Tesco 英国乐购超市公司

Thai Airways 泰国航空公司

Toffler, Alvin 阿尔文·托夫勒

TOMS 汤姆斯公司

touchpoints 接触点

参考文献

Chapter 1: The triumph of branding

Coca-Cola in Africa

<http://www.coca-colacompany.com/stories/
coca-cola-offers-consumers-reasons-to-believe>

80% of marketing directors believe their products are differentiated

<https://hbr.org/2012/03/living-differentiation>

People wouldn't care if 74% of brands disappeared

<http://www.havasmedia.com/press/press-releases/2015/
top-scoring-meaningful-brands-enjoy-a-share-of-wallet-46-
per-cent-higher-than-low-performers>

Brand accounts for more than 30% of the stockmarket value

<http://www.economist.com/news/business/21614150-brands-
are-most-valuable-assets-many-companies-possess-no-one-
agrees-how-much-they>

Chapter 2: What is 'branding'?

Definitions of 'brand'

Kornberger, Martin (2010). *Brand Society*. Cambridge: Cambridge University Press.

Barden, Phil (2013). *Decoded*. Chichester: John Wiley.

Aaker, David A. and Joachimsthaler, Erich (2009). *Brand Leadership*. London: Simon & Schuster.

Keller, Kevin Lane (2012). *Strategic Brand Management*. London: Pearson.

Neumeier, Marty (2006). *The Brand Gap*. Berkeley, CA: New Riders.

Chapter 3: The history of branding

The Cadbury story

Cadbury, Deborah (2010). *Chocolate Wars*. London: HarperPress.

A 1955 article

Gardner, B. B. and Levy, Sidney J. (1955). The Product and the Brand. *Harvard Business Review* 33/2 (March–April): 33–39.

The producer-consumer

Toffler, Alvin (1980). *The Third Wave*. New York: Willam Morrow.

No visible logo

<http://www.independent.co.uk/life-style/fashion/news/how-anonymous-designers-are-trading-on-their-creators-lack-of-ego-10433788.html>

Chapter 4: How branding works

System 1 thinking

Kahneman, Daniel (2011). *Thinking, Fast and Slow*. New York: Farrar, Straus and Giroux.

A brand is an upstream reservoir

<http://www.britishbrandsgroup.org.uk/upload/File/Lecture-1.pdf>

Loving the brand

Batra, Rajeev, Ahuvia, Aaron, and Bagozzi, Richard P. (2012). Brand Love. *Journal of Marketing* 76: 1–16.

A study by management consultants

<http://www.forbes.com/sites/marketshare/2012/03/26/only-one-quarter-of-american-consumers-are-brand-loyal/#13afab486e9a>

Loyal switchers

Sharp, Byron (2010). *How Brands Grow*. Oxford: Oxford University Press.

Brand equity

Keller, Kevin Lane (2012). *Strategic Brand Management*. London: Pearson.

BrandZ's valuation of the Google brand

<http://www.millwardbrown.com/brandz/top-global-brands/2016>

Chapter 5: The branding business

Deep inside Procter & Gamble

<http://www.brandingstrategyinsider.com/2009/06/great-moments-in-branding-neil-mcelroy-memo.html>

Strategic brand leadership

Aaker, David A. and Joachimsthaler, Erich (2009). *Brand Leadership*. London: Simon & Schuster.

A 2015 survey

<http://marketing.hallandpartners.com/acton/attachment/6945/f-0598/1/-/-/-/-/2015%2007%2009%20-%20IPA%20Booklet.pdf>

Chapter 6: Branding projects

The Ryanair story

Interview with Kenny Jacobs, 2015.

Jeff Bezos on 70% shouting

<http://www.forbes.com/global/2012/0507/global-2000-12-amazon-jeff-bezos-gets-it.html>

Tony Hseih on 'your culture is your brand'

<http://www.huffingtonpost.com/tony-hsieh/zappos-founder-tony-hsieh_1_b_783333.html>

Chapter 7: The ethics of branding

Three critics

Packard, Vance (1957). *The Hidden Persuaders*. New York: David McKay.
Berger, John (1972). *Ways of Seeing*. London: BBC.
Klein, Naomi (1999). *No Logo*. Toronto: Knopf.

Chapter 8: A future for branding?

Active consumers

<http://www.bbc.co.uk/blogs/bbcinternet/2012/05/bbc_online_briefing_spring_201_1.html>

Your brand is what they say it is

Neumeier, Marty (2015). *The Brand Flip*. Berkeley, CA: New Riders.

The mainstream of organizational thinking

Friedman, Thomas (2005). *The World is Flat*. New York: Farrar, Straus and Giroux.

扩展阅读

I hope this book has opened your eyes to some of the ways branding works in today's world. If so, you may want to look more deeply into the subject. There are thousands of books and other resources: this is my short-list of the most rewarding ones.

The two academic giants of branding are Kevin Lane Keller and David Aaker. If you like big and encyclopedic textbooks, then Keller's *Strategic Brand Management* (Pearson, 2012) is exhaustive and up-to-date; and it's also worth reading Aaker's *Building Strong Brands* (Simon & Schuster, 2002).

The other most widely read textbooks are *Creating Powerful Brands* by Leslie de Chernatony, Malcolm McDonald, and Elaine Wallace (Routledge, 2011) and Jean-Noël Kapferer's *The New Strategic Brand Management* (Kogan Page, 2012).

For an overview of academic theories about branding, *Brand Management* by Tilde Heding, Charlotte F. Knudtzen, and Mogens Bjerre (Routledge, 2016) is beautifully organized and invaluable.

If, like me, you're fascinated by the central role brands play in our lives as consumers and workers, then read Martin Kornberger's *Brand Society* (Cambridge University Press, 2010): a masterly overview of how brand drives both production (how it influences management) and consumption (how it influences lifestyles). You may also enjoy Adam Arvidsson's challenging book *Brands: Meaning and Value in Media Culture* (Routledge, 2006).

To drill into the role branding can play in management, look at the fascinating *Taking Brand Initiative* by Mary Jo Hatch and Majken Schultz (Jossey Bass, 2008). It's also worth reading David Aaker and Erich Joachimsthaler's book *Brand Leadership* (Simon & Schuster, 2009), which makes a strong case for treating brand as a central and strategic and long-term organizational asset. For a sceptical counterpoint, try *Simply Better* by Patrick Barwise and Seán Mehan (Harvard Business School Press, 2004), and, even more thought-provoking, John Kay's book *Obliquity* (Profile, 2010).

For an overview of the subject from the point of view of practitioners, I recommend the work of two writers, Marty Neumeier and Wally Olins. Neumeier's latest book, *The Brand Flip* (New Riders, 2015), is energetic and brilliantly designed. And Wally Olins's final book, *Brand New* (Thames & Hudson, 2014) is a worthy summation of an extraordinarily influential career. You'll also enjoy Debbie Millman's interviews with a range of practitioners in *Brand Thinking* (Allworth Press, 2011).

To find out more about how brands actually work, read Byron Sharp's *How Brands Grow* (Oxford University Press, 2010), a wonderfully nonconformist analysis, questioning (rightly, in my view) ideas like brand loyalty, positioning, and differentiation. And *Decoded* by Phil Barden (Wiley, 2013) is a refreshingly clear account of what behavioural economics and neuroscience tell us about how brands make us buy things.

Finally, to explore design in branding, look at Alina Wheeler's *Designing Brand Identity* (Wiley, 2013), which is comprehensive and (as you'd hope) fully illustrated; and Michael Johnson's energetically visual exploration, *Branding in Five and a Half Steps* (Thames & Hudson, 2016).